ZHIGONGXUEXIWENDA

MIN FA

DIAN

民法典

职工学习问答

本书编写组◎编

中国工人出版社

前言

PREFACE

2020年5月28日，第十三届全国人民代表大会第三次会议审议通过了《中华人民共和国民法典》(以下简称《民法典》)。《民法典》作为新中国成立以来第一部以"法典"命名的法律，是新时代我国社会主义法治建设的重大成果。《民法典》共7编、1260条，各编依次为总则、物权、合同、人格权、婚姻家庭、继承、侵权责任和附则，2021年1月1日起正式实施。此次《民法典》的编纂以"保护民事主体权利"为主线，尤其把对人身权、人格权的保护放在了突出的位置。

在立法内容上，各编都增加了新的内容和规则，如总则编将绿色原则确立为民法的基本原则，同时对数据、网络虚拟财产的保护作了原则性规定，对自然人主体降低了限制民事行为能力的未成年人的年龄标准并完善了监护制度；物权编完善了业主的建筑物区分所有权制度，新增了居住权和农村土地的三权分置；合同编新增了保理合同、保证合同、物业服务合同和合伙合同；婚姻家庭编新增了亲子关系确认与否认规则以及离婚冷静期制度；继承编新增了对继承人的宽恕制度、遗嘱的形式以及遗嘱管理人；侵权责任编新增了自甘风险、自助行为等免责事由。《民法典》从社会生活的衣、食、住、行等方面进行了全面规定，赋予了公民各种人身权与财产权，包含了我国民事法律关系调整的全部范围和基本规则，是一部真正意义上的社会生活的“百科全书”。

为更好贯彻落实习近平总书记关于“民法典要实施好，就必须让民法典走到群众身边、走进群众心里”的重要指示精神，我们组织编写了《〈民法典〉职工学习问答》。《民法典》虽然是调整民事关系、保障民事权益的法典，但其中不少条款与广大职工的权益息息相关，如包工头拖欠工资问题、用人单位侵犯员工人格问题、职场遭遇性骚扰问题等，当然还涉及职工社会生活的方方面面。为此，本书根据《民法典》各编规定，采取以本编概述、新法解读与要点分析为先导，选取与职工生活密切相关的问题，以问答方式进行解读，并附以自测题等内容，旨在引导工会干部和广大职工群众学习、宣传、遵守、维护《民法典》，推动形成尊法、守法、用法、护法的良好社会氛围。

本书的编写工作由中国政法大学民商经济法学院李娟副教授、陆伟丰副教授负责，并由中国政法大学民商经济法学院院长于飞教授进行审读把关。全书在编辑过程中，得到了中华全国总工会宣传教育部、法律工作部的支持和帮助，在此谨致诚挚的谢意。由于时间仓促，书中如有不当之处，请读者批评指正。

编　者

2020 年 9 月

目录

CONTENTS

第三编　合　同

第四编　人格权

第五编　婚姻家庭

第六编　继　承

第七编 侵权责任

中华人民共和国民法典

（2020年5月28日第十三届全国人民代表大会第三次会议通过）

第一编　总　则

第二编　物　权

第三编　合　同

第四编　人格权

第五编　婚姻家庭

第六编　继　承

第一章　一般规定

第二章　法定继承

第三章　遗嘱继承和遗赠

第四章　遗产的处理

第七编　侵权责任

第一章　一般规定

第二章　损害赔偿

第三章　责任主体的特殊规定

第四章　产品责任

第五章　机动车交通事故责任

第六章　医疗损害责任

第七章　环境污染和生态破坏责任

第八章　高度危险责任

第九章　饲养动物损害责任

第十章　建筑物和物件损害责任

附　则

扫描二维码查看全文

第一编

总 则

本编概述

BENBIAN GAISHU

总则编是《民法典》的纲领，规定了民事活动必须遵循的基本原则和一般性规则，统领《民法典》的6个分编，各分编都在总则的基础上对各项民事制度作出具体规定。本部分规定了《民法典》的立法目的、立法依据和调整对象，明确了民法的基本原则。在对民事主体进行了自然人、法人和非法人组织的类型划分的前提下，就民事主体所实施的民事法律行为及代理进行了全面规定，并在此基础上规定了民事主体在实施民事法律行为及代理行为时所享有的民事权利、应承担的民事责任以及需要遵守的诉讼时效。

新法解读

XINFA JIEDU

本编与旧法相比突出以下几个方面：

第一，关于总则。在立法目的中增加“弘扬社会主义核心价值观”的规定，并将绿色原则确立为民法的基本原则。

第二，关于自然人制度。一是增加了保护胎儿利益的规定。二是降低了限制民事行为能力的未成年人的年龄标准。三是完善了监护制度，并特别补充规定了因发生突发事件等紧急情况，为无人照料的被监护人安排必要的临时生活照料措施。

第三，关于法人制度。将法人分为营利法人、非营利法人和特别法人三类。

第四，关于民事权利。对知识产权作了概括性规定，以统领各个单行的知识产权法律。同时，对数据、网络虚拟财产的保护作了原则性规定。

第五，关于法律行为。一是扩充了民事法律行为的内涵，既包括合法的法律行为，也包括无效、可撤销和效力待定的法律行为；二是增加了意思表示的规则。

第六，关于民事责任。增加规定了自愿实施紧急救助的特殊的民事责任承担问题。

第七，关于诉讼时效。一是将普通诉讼时效作了延长；二是增加了未成年人遭受性侵害后诉讼时效的特殊起算点。

要点分析 YAODIAN FENXI

1. 基本规定。确立基本原则，明确了民事主体的人身权利、财产权利以及其他合法权益受法律保护，任何组织或者个人不得侵犯，并确立了平等原则、自愿原则、公平原则、诚信原则、守法原则、绿色原则等基本原则。

2. 自然人。自然人作为最基本的民事主体，《民法典》对其民事权利能力和民事行为能力制度、监护制度、宣告失踪和宣告死亡制度都作出相应规定，尤其是对监护制度进行了较大完善，同时对个体工商户和农村承包经营户作了规定。

3. 法人。法人是一种重要的民事主体，在民事生活中发挥着重要的作用。《民法典》就法人这一民事主体规定了其定义、成立原则和条件、合并、清算等内容。

4. 民事权利。对民事权利的类型进行了完善，增加了人身自由权、身体权与隐私权、个人信息权、投资性权利等。

5. 民事法律行为和代理。民事法律行为的核心是意思表示。《民法典》对意思表示的作出方式、解释规则、生效、撤回等作了具体规定；针对民事法律行为的效力问题，完善了可撤销民事法律行为制度；就代理的效力、类型等代理制度的内容作出了具体规定。

6. 民事责任。规定了承担民事责任的主要方式，即停止侵害、返还财产、恢复原状、赔偿损失、惩罚性赔偿等。规定了不可抗力、正当防卫、紧急避险、自愿实施紧急救助等特殊的民事责任承担。

7. 诉讼时效。规定了普通诉讼时效、最长权利保护期间。规定了诉讼时效的起算、中止、中断等内容。

知识问答 ZHISHI WENDA

1. 为什么说《民法典》是每一个公民的“护身符”？

2020 年 5 月 28 日，十三届全国人大三次会议审议通过了《中华人民共和国民法典》（以下简称《民法典》），作为新中国成立以来第一部以“法典”命名的法律，《民法典》是新时代我国社会主义法治建设的重大成果。《民法典》共 7 编、1260 条，各编依次为总则、物权、合同、人格权、婚姻家庭、继承、侵权责任和附则，2021 年 1 月 1 日起正式实施，现行的婚姻法、继承法、民法通则、收养法、担保法、合同法、物权法、侵权责任法、民法总则将同时废止。

《民法典》的编纂以“保护民事主体权利”为主线，把对人身权、人格权的保护放在更加突出的位置，衣、食、住、行等都可以从《民法典》中找到依靠的权利。在赋予公民各种人身权与财产权的同时，《民法典》也为这些权利的行使确定了相应规则，为公民进行各种民事活动保驾护航，所以说它是每一个公民进行社会生活的“护身符”。

2.《民法典》只保护自然人吗？

《民法典》对所有民事主体一视同仁平等保护。所谓民事主体又称“民事法律关系主体”，是民事关系的参加者、民事权利的享有者、民事义务的履行者和民事责任的承担者。

《民法典》不仅保护自然人，还保护法人、非法人组织。例如，机关法人、农村集体经济组织法人、城镇农村的合作经济组织法人、个人独资企业、合伙企业、个体工商户、农村经营承包户等，他们都是《民法典》规定的民事主体，都应当受到保护。

3. 未出生的胎儿也享有继承权吗？

《民法典》规定，涉及遗产继承、接受赠与等胎儿利益保护的，胎儿视为具有民事权利能力。但是，胎儿娩出时为死体的，其民事权利能力自始不存在。遗产分割时，应当保留胎儿的继承份额。胎儿娩出时是死体的，保留的份额按照法定继承办理。

我国《民法典》规定，自然人从出生时起到死亡时止，具有民事权利能力，没出生的胎儿没有民事权利能力，也就谈不上利益保护问题。但是对胎儿出生后生存的考虑，就必须要对胎儿的某些利益进行特别保护，因此《民法典》作出对胎儿利益特别保护的规定。但同时《民法典》还规定胎儿娩出时为死体的，其民事权利能力自始不存在。

4. 年满十六周岁的未成年人可以被用人单位招用吗？

《民法典》以年龄为标准将自然人分为两类，赋予他们不同的行为能力，即十八周岁以上的自然人为成年人，属于完全民事行为能力人；不满十八周岁的自然人为未成年人，属于限制行为能力人，其中不满八周岁的未成年人为无民事行为能力人。

对于十六周岁以上未满十八周岁的未成年人，如果以自己的劳动收入为主要生活来源的，应该视为完全行为能力人，因此他们是可以被用人单位招用的。但是，由于未满十八周岁，所以这个年龄段的劳动者被称为未成年工。我国对未成年工采取了特殊的劳动保护措施，这些保护措施集中体现在《未成年工特殊保护规定》中。例如，对未成年工从事劳动的范围进行限制；对未成年工定期进行健康检查；对未成年工的使用和特殊保护实行登记制度等。

5. 轻度精神病人是无民事行为能力人还是限制行为能力人？

轻度的成年精神病人是不能完全辨认自己行为的成年人，

《民法典》将其视为限制民事行为能力人。

《民法典》规定，不能辨认自己行为的成年人为无民事行为能力人，由其法定代理人代理实施民事法律行为。不能完全辨认自己行为的成年人为限制民事行为能力人，实施民事法律行为由其法定代理人或者经其法定代理人同意、追认；但是，可以独立实施纯获利益的民事法律行为或者与其智力、精神健康状况相适应的民事法律行为。例如，一个轻度的成年精神病人独立购买价值 2 万元的电脑，超出了其智力、精神健康状况的水平，其购买电脑的行为应由其法定代理人代理或经其法定代理人同意、追认才有效。

6. 八岁的孩子可以“打酱油”吗？

《民法典》规定，八周岁以上不满十八周岁的未成年人为限制民事行为能力人，实施民事法律行为由其法定代理人代理或者经其法定代理人同意、追认；但是，可以独立实施纯获利益的民事法律行为或者与其年龄、智力相适应的民事法律行为。

八周岁的孩子已经长成了法律中的“小大人”，可以从事与其年龄、智力相适应的民事法律行为，譬如“打酱油”、使用零花钱购买玩具、零食等，诸如此类的行为都是合法有效的。但如果八周岁以上的孩子给游戏进行大额充值、给主播大额打赏等行为就超出了与其年龄、智力相适应的民事法律行为，可认定无效。

7. 什么是住所？自然人的住所如何确定？

住所是自然人生活和法律关系的中心地。一个人在生活中总要和其他人交往，存在多种法律关系，为了方便交往和确立正常的法律关系，在法律上将法律关系的中心地称为住所。住所的客观要求是自然人在一地有一个居所，即实际居住在某地；主观要求是自然人具有永久或无限期居住在该地的意图。

居所是自然人经常居住的场所，表明自然人居住在特定地方一段时间的行为或事实。居所不要求特定长度的居住时间，更不要求有永久居住的意图，只要求实际居住，自然人可以拥有多处居所。也就是说，住所一般是指自然人长期居住、较为固定的处所。

住所在法律上具有重要意义，它是决定监护、宣告失踪、宣告死亡，债务履行地、法院诉讼管辖地和诉讼文书送达地，涉外法律适用之准据法的重要因素。为此，《民法典》规定，自然人以户籍登记或者其他有效身份登记记载的居所为住所；经常居所与住所不一致的，经常居所视为住所。

8. 谁是留守儿童的监护人？

留守儿童是指外出务工连续3个月以上的农民托留在户籍所在地家乡，由父、母单方或其他亲属监护接受义务教育的适龄儿童。按照《民法典》的规定，父母是未成年子女的监护人。未成年人的父母已经死亡或者没有监护能力的，由下列有监护能力的人按顺序担任监护人：（1）祖父母、外祖父母；（2）兄、姐；（3）其他愿意担任监护人的个人或者组织，但是须经未成年人住所地的居民委员会、村民委员会或者民政部门同意。

据此可知，留守儿童的法定监护人是其父母，在其父母因外出务工而不能实施监护时可以由有监护能力的祖父母、外祖父母；兄、姐等承担监护，以保护这些未成年留守儿童的利益。

9. 成年精神病人由谁对其承担监护责任？

成年精神病人根据其辨认自己行为的程度不同，可以区分为无民事行为能力人或者限制民事行为能力人。按照《民法典》的规定，其监护人由下列有监护能力的人按顺序担任监护人：(1) 配偶；(2) 父母、子女；(3) 其他近亲属；(4) 其他愿意担任监护人的个人或者组织，但是须经被监护人住所地的居民委员会、村民委员会或者民政部门同意。

10. 可以通过遗嘱方式指定监护人吗？

监护是指依照法律的规定，对特定自然人的人身权益和财产权益进行监督保护的法律制度。监护人的设定方式有法定监护、委托监护、遗嘱监护、指定监护等方式。根据现行法律，我国目前有遗嘱监护的规定。

遗嘱监护的父母必须是在担任着监护人的父母。如果因丧失监护能力没有担任监护人，或者因侵害被监护人合法权益被撤销监护人资格等不再担任监护人的父母，就不能以遗嘱方式指定监护人。遗嘱监护的被监护人包括未成年人、无民事行为能力或者限制民事行为能力的成年人。

11. 可以通过协议方式确定监护人吗？

《民法典》规定："依法具有监护资格的人之间可以协议确定监护人。协议确定监护人应当尊重被监护人的真实意愿。"由此可见，对于有监护权利的监护人，是可以协议确定监护权的，但是必须要按照被监护人的意愿，否则是不会发生法律效力的。监护人在确定后，不得随意变更，否则需要赔偿被监护人造成的损害。

12. 监护争议发生后可以依据何种程序解决？

对监护人的确定有争议的，由被监护人住所地的居民委员会、村民委员会或者民政部门指定监护人，有关当事人对指定不服的，可以向人民法院申请指定监护人；有关当事人也可以直接向人民法院申请指定监护人。

居民委员会、村民委员会、民政部门或者人民法院应当尊重被监护人的真实意愿，按照最有利于被监护人的原则在依法具有监护资格的人中指定监护人。

指定监护人前，被监护人的人身权利、财产权利以及其他合法权益处于无人保护状态的，由被监护人住所地的居民委员会、村民委员会、法律规定的有关组织或者民政部门担任临时监护人。

监护人被指定后，不得擅自变更；擅自变更的，不免除被指定的监护人的责任。

13. 什么情况下可以由国家监护兜底？

没有依法具有监护资格的人的，监护人由民政部门担任，也可以由具备履行监护职责条件的被监护人住所地的居民委员会、村民委员会担任。这里的“没有依法具有监护资格的人的”，主要指被监护人的父母死亡或者没有监护能力，也没有其他近亲属，或者其他近亲属都没有监护能力，而且也没有符合条件的其他愿意担任监护人的个人或者组织。在这种情况下首先由民政部门担任监护人，居民委员会、村民委员会辅助担任监护人。

14. 什么是成年监护？

成年监护是指具有完全民事行为能力的成年人，与其近亲属、其他愿意担任监护人的个人或者组织事先协商，以书面形式确定自己的监护人，在自己丧失或者部分丧失民事行为能力时，由该监护人履行监护职责的监护。

以往民法的监护主要有两类，一是对未成年人的监护；二是对精神病人的监护。这两类监护虽在一定程度上起到了对被监护人利益的保护，但并没有把也需要进行监护保障的高龄者、身体障碍者纳入监护制度中来。尤其是随着我国老龄社会的到来，老龄人口不断加大，更需要对失能老人的日常照管、精神关照、财产管理等。成年监护能极大地满足对上述群体利益的保护。

15. 因突发事件等紧急情况，被监护人处于无人照料怎么办？

《民法典》规定，因发生突发事件等紧急情况，监护人暂时无法履行监护职责，被监护人的生活处于无人照料状态的，被监护人住所地的居民委员会、村民委员会或者民政部门应当为被监护人安排必要的临时生活照料措施。例如，当疫情公共卫生事件等紧急情况发生时，监护人暂时无法照料被监护人的生活时，可以请求其住所地的居民委员会、村民委员会或者民政部门提供必要的临时生活照料。

16. 父母体罚、虐待孩子，是否可以撤销其监护权？

俗话说“棍棒底下出孝子”，体罚孩子在大多数人看来可能是一种正常的教育途径。但体罚达到较为严重的程度，或者成为高频行为，可能构成虐待。因此，若父母体罚、虐待孩子，可以撤销其对孩子的监护权。《反家庭暴力法》第21条规定：监护人实施家庭暴力严重侵害被监护人合法权益的，人民法院可以根据被监护人的近亲属、居民委员会、村民委员会、县级人民政府民政部门等有关人员或者单位的申请，依法撤销其监护人资格，另行指定监护人。

撤销监护权是指使监护人的监护资格归于消灭、不再享有监护资格的行为。《民法典》规定了对监护人的撤销制度。监护人有下列情形之一的，人民法院根据有关个人或者组织的申请，撤销其监护人资格，安排必要的临时监护措施，并按照最有利于被监护人的原则依法指定监护人：（1）实施严重损害被监护人身心健康的行为；（2）怠于履行监护职责，或者无法履行监护职责且拒绝将监护职责部分或者全部委托给他人，导致被监护人处于危困状态；（3）实施严重侵害被监护人合法权益的其他行为。

提出监护权撤销申请的主体包括个人和组织，具体而言，包括监护人之外其他依法具有监护资格的人，居民委员会、村民委员会、学校、医疗机构、妇女联合会、残疾人联合会、未成年人保护组织、依法设立的老年人组织、民政部门等。在个人和民政部门以外的组织未及时向人民法院申请撤销监护人资格的，民政部门应当向人民法院申请。

17. 什么情况下监护关系终止？

有下列情形之一的，监护关系终止：（1）被监护人取得或者恢复完全民事行为能力；（2）监护人丧失监护能力；（3）被监护人或者监护人死亡；（4）人民法院认定监护关系终止的其他情形。监护关系终止后，被监护人仍然需要监护的，应当依法另行确定监护人。

18. 外出务工三年下落不明，可以申请宣告失踪吗？

《民法典》规定，自然人下落不明满二年的，利害关系人可以向人民法院申请宣告该自然人为失踪人。自然人下落不明的时间自其失去音讯之日起计算。通过宣告下落不明人为失踪人，可以为其设立财产代管人，以保护失踪人与相对人的财产权益。

一个人外出务工长时间没有任何消息时，如果达到法定的条件，其家人可以对其申请宣告失踪。当然，宣告失踪只是法律上的一个判断，如果失踪人重新出现，经本人或者利害关系人申请，人民法院应当撤销失踪宣告。失踪人重新出现，有权请求财产代管人及时移交有关财产并报告财产代管情况。

19. 被宣告失踪人的财产代管人如何确定？

失踪人的财产由其配偶、成年子女、父母或者其他愿意担任财产代管人的人代管。代管有争议，没有配偶、成年子女等人的，或者有配偶、成年子女等人无代管能力的，由人民法院指定的人代管。

财产代管人不履行代管职责、侵害失踪人财产权益或者丧失代管能力的，失踪人的利害关系人可以向人民法院申请变更财产代管人。财产代管人有正当理由的，可以向人民法院申请变更财产代管人。人民法院变更财产代管人的，变更后的财产代管人有权请求原财产代管人及时移交有关财产并报告财产代管情况。

财产代管人一旦确定，失踪人所欠税款、债务和应付的其他费用，由财产代管人从失踪人的财产中支付。财产代管人因故意或者重大过失造成失踪人财产损失的，应当承担赔偿责任。

20. 宣告死亡必须具备哪些条件？

《民法典》规定，自然人有下列情形之一的，利害关系人可以向人民法院申请宣告该自然人死亡：（1）下落不明满四年；（2）因意外事件，下落不明满二年。因意外事件下落不明，经有关机关证明该自然人不可能生存的，申请宣告死亡不受二年时间的限制。

对同一自然人，有的利害关系人申请宣告死亡，有的利害关系人申请宣告失踪，符合本法规定的宣告死亡条件的，人民法院应当宣告死亡。被宣告死亡的人，人民法院宣告死亡的判决作出之日视为其死亡的日期；因意外事件下落不明宣告死亡的，意外事件发生之日视为其死亡的日期。

21. 撤销死亡宣告后婚姻关系、收养关系怎么处理？

被宣告死亡的人的婚姻关系，自死亡宣告之日起消除。死亡宣告被撤销的，婚姻关系自撤销死亡宣告之日起自行恢复。但是，其配偶再婚或者向婚姻登记机关书面声明不愿意恢复的除外。

被宣告死亡的人在被宣告死亡期间，其子女被他人依法收养的，在死亡宣告被撤销后，不得以未经本人同意为由主张收养行为无效。

22.《民法典》如何对待个体工商户和农村承包经营户？

《民法典》明确规定，自然人从事工商业经营，经依法登记，为个体工商户。个体工商户可以起字号。个体工商户的债务，个人经营的，以个人财产承担；家庭经营的，以家庭财产承担；无法区分的，以家庭财产承担。

农村承包经营户是农村集体经济组织的成员，依法取得农村土地承包经营权，从事家庭承包经营的农户。农村承包经营户的债务，以从事农村土地承包经营的农户财产承担；事实上由农户部分成员经营的，以该部分成员的财产承担。

23. 法人、法人代表、法定代表人有何区别？

（1）法人不是“人”，是具有民事权利能力和民事行为能力，依法独立享有民事权利和承担民事义务的组织。法人应当依法成立。法人应当有自己的名称、组织机构、住所、财产或者经费，法人成立的具体条件和程序，依照法律、行政法规的规定。最常见的公司就是一个“法人”，如有限责任公司、股份有限公司、农民专业合作社等，而合伙企业、个人独资企业、个体户不是法人。

（2）法人代表是公司授予行使法人权利的自然人，是由法定代表人指派，代表公司法人对外依法行使民事权利和义务的人，简单来说即公司委派外出办理公司事务的代理人。法人代表对外行使的权利必须是在法定代表人授权的范围内进行的，不能超出授权范围行使权利。法人代表并不是固定的人员，可以是一个，也可以是多个。

（3）法定代表人是依照法律或者法人章程的规定，代表法人从事民事活动的负责人。法定代表人以法人名义从事的民事活动，其法律后果由法人承担。法人章程或者法人权力机构对法定代表人代表权的限制，不得对抗善意相对人。法定代表人是单一的，一个企业只能有一个法定代表人。法定代表人因执行职务造成他人损害的，由法人承担民事责任。法人承担民事责任后，依照法律或者法人章程的规定，可以向有过错的法定代表人追偿。

24. 法人合并、分立后，其权利义务由谁承担？

现实生活中，许多企业在市场竞争过程中可能会对企业的组织结构进行调整，比如合并、分立，而这样的变化一旦发生就会对组织结构变化前所产生的债权债务造成影响。为此，

《民法典》进行了相应规定："法人合并的，其权利和义务由合并后的法人享有和承担。法人分立的，其权利和义务由分立后的法人享有连带债权，承担连带债务，但是债权人和债务人另有约定的除外。"

25. 法人终止的情形有哪些？

有下列原因之一并依法完成清算、注销登记的，法人终止：（1）法人解散；（2）法人被宣告破产；（3）法律规定的其他原因。法人终止，法律、行政法规规定须经有关机关批准的，依照其规定。

26. 法人解散的情形有哪些？

有下列情形之一的，法人解散：（1）法人章程规定的存续期间届满或者法人章程规定的其他解散事由出现；（2）法人的权力机构决议解散；（3）因法人合并或者分立需要解散；（4）法人依法被吊销营业执照、登记证书，被责令关闭或者被撤销；（5）法律规定的其他情形。

27. 法人分支机构的民事责任由谁来承担？

法人可以依法设立分支机构。法律、行政法规规定分支机构应当登记的，依照其规定。分支机构以自己的名义从事民事活动，产生的民事责任由法人承担；也可以先以该分支机构管理的财产承担，不足以承担的，由法人承担。

28. 营利法人和非营利法人有何区别？

营利法人是以取得利润并分配给股东等出资人为目的成立

的法人。营利法人包括有限责任公司、股份有限公司和其他企业法人等。

营利法人经依法登记成立，营业执照签发日期为营利法人的成立日期。设立营利法人应当依法制定法人章程。营利法人应当设权力机构和执行机构。

非营利法人是为公益目的或者其他非营利目的成立，不向出资人、设立人或者会员分配所取得利润的法人。非营利法人包括事业单位、社会团体、基金会、社会服务机构等。

29. “特别法人”的身份有多重要？

特别法人主要包括机关法人、农村集体经济组织法人、城镇农村的合作经济组织法人、基层群众性自治组织法人。《民法典》规定，居民委员会、村民委员会具有基层群众性自治组织法人资格，可以从事履行职能所需要的民事活动。

《民法典》规定了特别法人的法律地位和其行使民事活动的权利和义务，让一些基层群众性组织能够更好地履行职能，为人民群众更好地服务。这也让《民法典》能真正与人民群众的生活息息相关，切实地符合人民群众的利益。

30. 非法人组织有何规定？

非法人组织是不具有法人资格，但是能够依法以自己的名义从事民事活动的组织。非法人组织包括个人独资企业、合伙企业、不具有法人资格的专业服务机构等。非法人组织应当依照法律的规定登记。非法人组织的财产不足以清偿债务的，其出资人或者设立人承担无限责任。法律另有规定的，依照其规定。

31. 法人犯罪的法律责任有哪些?

法人犯罪，与自然人犯罪是相对的一个概念，是指法人以组织的名义，通过法人的行为，实施具有社会危害性的行为，成为犯罪的主体。法人犯罪的法律责任是指法人实施犯罪行为后，应当承担的刑事责任，包括在承担刑事责任的条件下还需承担的民事责任和行政责任。

32. 如何区分物权和债权?

物权与债权都是与人们息息相关的财产权利，但是这两种权利在本质上是具有很大区别的，物权是指对物的支配与排他权，而债权则是一种请求权。

物权是权利人依法对特定的物享有直接支配和排他的权利，包括所有权、用益物权和担保物权。所有权是物权中最重要的、最基本的权利。物包括不动产和动产。法律规定权利作为物权客体的，依照其规定。物权的种类和内容，由法律规定。

债权是因合同、侵权行为、无因管理、不当得利以及法律的其他规定，权利人请求特定义务人为或者不为一定行为的权利。合同债权是债权中最重要的一种债权。

33. 员工在工作之余完成的小发明取得专利，这是什么权?

这种情况取得的专利权属于知识产权。《民法典》规定，知识产权是权利人依法就下列客体享有的专有的权利：(1) 作品；(2) 发明、实用新型、外观设计；(3) 商标；(4) 地理标志；

（5）商业秘密；（6）集成电路布图设计；（7）植物新品种；（8）法律规定的其他客体。

34. 出售个人信息也算违法吗？

出售、非法提供公民个人信息的行为属于违法行为。《民法典》规定，自然人的个人信息受法律保护。任何组织或者个人需要获取他人个人信息的，应当依法取得并确保信息安全，不得非法收集、使用、加工、传输他人个人信息，不得非法买卖、提供或者公开他人个人信息。

35. 网络游戏购买的装备受法律保护吗？

随着互联网的发展，网络游戏日益盛行。网络游戏账号、网络游戏装备等也在玩家的时间、精力、金钱投入下有了使用价值和交换价值，具备了财产属性。根据《民法典》规定，民事主体的财产权利受法律平等保护，当民事主体所有的数据、网络虚拟财产遭到非法侵犯时，法律同样提供保护。

36. 民事主体依法享有哪些民事权利？

民事权利是法律赋予民事主体享有的利益范围和实施一定行为或不为一定行为以实现某种利益的意志。民事主体依法享有以下民事权利：

（1）自然人享有生命权、身体权、健康权、姓名权、肖像权、名誉权、荣誉权、隐私权、婚姻自主权等权利。法人、非法人组织享有名称权、名誉权和荣誉权。自然人因婚姻家庭关系等产生的人身权利受法律保护。

（2）自然人的个人信息受法律保护。任何组织或者个人需要获取他人个人信息的，应当依法取得并确保信息安全，不得非法收集、使用、加工、传输他人个人信息，不得非法买卖、提供或者公开他人个人信息。

（3）民事主体依法享有物权。物权是权利人依法对特定的物享有直接支配和排他的权利，包括所有权、用益物权和担保物权。物包括不动产和动产。法律规定权利作为物权客体的，依照其规定。为了公共利益的需要，依照法律规定的权限和程序征收、征用不动产或者动产的，享有公平、合理的补偿权利。

（4）民事主体依法享有债权。债权是因合同、侵权行为、无因管理、不当得利以及法律的其他规定，权利人请求特定义务人为或者不为一定行为的权利。

（5）民事主体依法享有知识产权。知识产权是权利人依法享有的专有的权利，包括：作品；发明、实用新型、外观设计；商标；地理标志；商业秘密；集成电路布图设计；植物新品种；法律规定的其他客体。

（6）自然人依法享有继承权。自然人合法的私有财产，可以依法继承。

（7）民事主体依法享有股权和其他投资性权利和法律规定的其他民事权利和利益。

37. 什么是民事法律行为？

民事法律行为是民事主体通过意思表示设立、变更、终止民事法律关系的行为。民事法律行为可以采用书面形式、口头形式或者其他形式；法律、行政法规规定或者当事人约定采用特定形式的，应当采用特定形式。

具备下列条件的民事法律行为是有效的：（1）行为人具有相应的民事行为能力；（2）意思表示真实；（3）不违反法律、行政法规的强制性规定，不违背公序良俗。

38. 哪些民事法律行为可以撤销？

《民法典》对可以撤销的民事法律行为作了如下规定：

（1）基于重大误解实施的民事法律行为，行为人有权请求人民法院或者仲裁机构予以撤销。比如对标的物的品种、质量、价格等发生错误认识而实施的行为可以撤销。

（2）一方以欺诈手段，使对方在违背真实意思的情况下实施的民事法律行为，受欺诈方有权请求人民法院或者仲裁机构予以撤销。第三人实施欺诈行为，使一方在违背真实意思的情况下实施的民事法律行为，对方知道或者应当知道该欺诈行为的，受欺诈方有权请求人民法院或者仲裁机构予以撤销。

（3）一方或者第三人以胁迫手段，使对方在违背真实意思的情况下实施的民事法律行为，受胁迫方有权请求人民法院或者仲裁机构予以撤销。如甲向乙银行借款，乙银行要求甲提供担保，丙为帮助甲借款，以举报丁偷税漏税相威胁，迫使丁为甲借款提供保证，乙银行对此不知情。丁有权以其受到胁迫为由撤销保证。

（4）一方利用对方处于危困状态、缺乏判断能力等情形，致使民事法律行为成立时显失公平的，受损害方有权请求人民法院或者仲裁机构予以撤销。

39. 撤销权消灭有哪些情形？

《民法典》规定有下列情形之一的，撤销权消灭：（1）当事人自知道或者应当知道撤销事由之日起一年内、重大误解的当事人自知道或者应当知道撤销事由之日起九十日内没有行使撤销权；（2）当事人受胁迫，自胁迫行为终止之日起一年内没有行使撤销权；（3）当事人知道撤销事由后明确表示或者以自己的行为表明放弃撤销权。当事人自民事法律行为发生之日起五年内没有行使撤销权的，撤销权消灭。

40. 哪些民事法律行为无效？

《民法典》对民事法律行为的无效规定了以下几种：

（1）无民事行为能力人实施的民事法律行为无效。

（2）行为人与相对人以虚假的意思表示实施的民事法律行为无效。例如，甲为避免房屋被执行，找朋友乙帮忙，签订虚假买卖房屋合同。该房屋买卖合同即无效。以虚假的意思表示隐藏的民事法律行为的效力，依照有关法律规定处理。

（3）违反法律、行政法规的强制性规定的民事法律行为无效。但是，该强制性规定不导致该民事法律行为无效的除外。

（4）行为人与相对人恶意串通，损害他人合法权益的民事法律行为无效。

（5）违背公序良俗的民事法律行为无效。

41. 《民法典》中的守法与公序良俗原则是什么？

守法与公序良俗原则，是指自然人、法人和非法人组织在从事民事活动时，不得违反各种法律的强制性规定，不得违背公共秩序和善良习俗。公序良俗原则要求民事主体遵守社会公共秩序，遵循社会主体成员所普遍认可的道德准则，它可以弥补法律禁止性规定的不足。公序良俗是建设法治国家与法治社会的重要内容，也是衡量社会主义法治与德治建设水准的重要标志。公民在进行民事活动时既要遵守法律的规定，又要符合道德的要求。

42. 无效或被撤销的民事法律行为是自始无效吗？

无效或者被撤销的民事法律行为自始没有法律约束力。民事法律行为部分无效，不影响其他部分效力的，其他部分仍然有效。

民事法律行为无效、被撤销或者确定不发生效力后，行为人因该行为取得的财产，应当予以返还；不能返还或者没有必要返还的，应当折价补偿。有过错的一方应当赔偿对方由此所受到的损失；各方都有过错的，应当各自承担相应的责任。法律另有规定的，依照其规定。

43. 约定合同一年后生效，属于什么性质的法律行为？

该行为是附期限的法律行为。《民法典》规定：“民事法律行为可以附期限，但是根据其性质不得附期限的除外。附生效期限的民事法律行为，自期限届至时生效。附终止期限的民事法律行为，自期限届满时失效。”期限是必然到来的事实。期限可以分为始期与终期；定期与不定期。如以某人死亡作为所附期限，该期限就是不确定期限。

44. “受人之托，忠人之事”在《民法典》中是如何体现的？

所谓“受人之托”指的是法律上的代理。代理是民事主体通过代理人实施的民事法律行为。代理人在代理权限内，以被代理人名义实施的民事法律行为，对被代理人发生效力。受人之托具体说来就是代理中的委托代理。在委托代理中，代理人接受委托后应按照被代理人的委托行使代理权。恪尽职守，积极履行代理职责，为维护被代理人利益行使代理权。在完成代理事项时，应亲自实施，不得擅自转委托，更不得滥用代理权。代理人不履行或者不完全履行职责，造成被代理人损害的，应当承担民事责任。这些要求就体现为“忠人之事”的一面。但“忠人之事”也不是绝对的，因为并非任何行为都可委托代理。

45. 在代理活动中出现哪些情况是需要代理人承担连带责任的？

《民法典》规定，代理人不履行或者不完全履行职责，造成被代理人损害的，应当承担民事责任。代理人和相对人恶意串通，损害被代理人合法权益的，代理人和相对人应当承担连带责任。代理人知道或者应当知道代理事项违法仍然实施代理行为，或者被代理人知道或者应当知道代理人的代理行为违法未作反对表示的，被代理人和代理人应当承担连带责任。

46. 法律禁止的代理行为包括哪些?

一是代理人不得以被代理人的名义与自己实施民事法律行为，但是被代理人同意或者追认的除外。二是代理人不得以被代理人的名义与自己同时代理的其他人实施民事法律行为，但是被代理的双方同意或者追认的除外。

47. 哪些情况下代理人的转委托有效?

法律一般不允许代理人将代理权再委托他人行使，因为代理是基于被代理人和代理人之间的相互信任而产生的，代理人应该亲自实施代理行为。但法律又同时规定在符合特定条件的情况下，允许由复代理人代理被代理人实施代理行为。

《民法典》规定，代理人需要转委托第三人代理的，应当取得被代理人的同意或者追认。转委托代理经被代理人同意或者追认的，被代理人可以就代理事务直接指示转委托的第三人，代理人仅就第三人的选任以及对第三人的指示承担责任。转委托代理未经被代理人同意或者追认的，代理人应当对转委托的第三人的行为承担责任；但是，在紧急情况下代理人为了维护被代理人的利益需要转委托第三人代理的除外。

48. 执行单位工作任务的人员所实施的行为后果由谁承担?

执行法人或者非法人组织工作任务的人员，就其职权范围内的事项，以法人或者非法人组织的名义实施的民事法律行为，对法人或者非法人组织发生效力，由法人或者非法人组织承担行为后果。因为执行单位工作任务的人员是为了单位利益实施行为。

法人或者非法人组织对执行其工作任务的人员职权范围的限制，不得对抗善意相对人。即执行其工作任务的人员超越职权范围与善意相对人实施的行为，对单位有约束力，单位要承担该行为后果。

49. 无权代理的法律后果是什么？

无权代理是指行为人没有代理权、超越代理权或者代理权终止后，仍然实施代理的行为。无权代理未经被代理人追认的，对被代理人不发生效力。但相对人可以催告被代理人自收到通知之日起三十日内予以追认。被代理人未作表示的，视为拒绝追认。行为人实施的行为被追认前，善意相对人有撤销的权利。

行为人实施的行为未被追认的，善意相对人有权请求行为人履行债务或者就其受到的损害请求行为人赔偿。但是，赔偿的范围不得超过被代理人追认时相对人所能获得的利益。相对人知道或者应当知道行为人无权代理的，相对人和行为人按照各自的过错承担责任。

50. 表见代理属于无权代理吗？

表见代理是指没有代理权、超越代理权或者代理权终止后的无权代理人，以被代理人名义进行的民事行为在客观上使第三人相信其有代理权而实施的代理行为。例如：被代理人向代理人授权时以口头方式规定了代理权的有效期限，但是该有效期限在书面的授权文件中却未予以记载。从而当该有效期限届满后，第三人并不能从书面授权文件中得知代理权已终止而与其进行的民事行为，就属于表见代理。

《民法典》规定，行为人没有代理权、超越代理权或者代理权终止后，仍然实施代理行为，相对人有理由相信行为人有代理权的，代理行为有效。

表见代理从本质上看是无权代理，但是为了保护善意第三人的信赖与交易的安全，法律强制规定该种情形下的代理发生有权代理的后果。由此给所谓的被代理人造成损失的，被代理人可以向行为人追偿。

51. 被代理人死亡后，委托代理人实施的代理行为仍然有效的情形有哪些？

实践中，被代理人死亡后，为了被代理人的利益，在某些情况下委托代理人实施的代理行为继续有效。这些情况主要有：（1）代理人不知道且不应当知道被代理人死亡；（2）被代理人的继承人予以承认；（3）授权中明确代理权在代理事务完成时终止；（4）被代理人死亡前已经实施，为了被代理人的继承人的利益继续代理。作为被代理人的法人、非法人组织终止的，参照适用前面的规定。

52. 什么是民事责任？

民事责任，又称民事法律责任，是指民事主体因违反民事义务或者侵犯他人的民事权利所应承担的法律责任。民事责任属于法律责任的一种，是保障民事权利和民事义务实现的重要措施，是民事主体因违反民事义务所应承担的民事法律后果。

民事责任主要是一种民事救济手段，旨在使受害人被侵犯的权益得以恢复，包括违约责任、侵权责任和缔约过失责任。

53. 什么是按份民事责任和连带民事责任？

按份民事责任是指二人以上依法承担按份责任，能够确定责任大小的，各自承担相应的责任；难以确定责任大小的，平均承担责任。

连带民事责任是指二人以上依法承担连带责任的，权利人有权请求部分或者全部连带责任人承担责任。连带责任人的责任份额根据各自责任大小确定；难以确定责任大小的，平均承担责任。实际承担责任超过自己责任份额的连带责任人，有权向其他连带责任人追偿。连带责任，由法律规定或者当事人约定。

54. 民事责任的承担方式有哪些？

承担民事责任的方式主要有：（1）停止侵害；（2）排除妨碍；（3）消除危险；（4）返还财产；（5）恢复原状；（6）修理、重作、更换；（7）继续履行；（8）赔偿损失；（9）支付违约金；（10）消除影响、恢复名誉；（11）赔礼道歉。上述承担民事责任的方式，可以单独适用，也可以合并适用。法律规定惩罚性赔偿的，依照其规定。

55. "不可抗力"是法律规定的免责条款吗？

不可抗力是指不能预见、不能避免且不能克服的客观情况，如地震、台风、洪水等自然灾害，同时也包括社会现象，如军事行动。不可抗力作为人力不可抗拒的强制力，具有客观上的偶然性和不可避免性，主观上的不可预见性和社会危害性。它是独立于人的行为，并且不受当事人的意志支配的现象。

在刑法上，因不可抗力而造成危害社会的结果，不负刑事责任。在民法上，因不可抗力不能履行民事义务的，不承担民事责任。法律另有规定的，依照其规定。

56. 正当防卫要承担民事责任吗？

正当防卫是指为了公共利益、本人或者他人的人身和其他权利免受正在进行的不法侵害，而对实施侵害的人所采取的造成必要损害的行为。因正当防卫造成损害的，不承担民事责任。正当防卫超过必要的限度，造成不应有的损害的，正当防卫人应当承担适当的民事责任。

57. 自愿实施紧急救助造成受助人损害，救助人需承担民事责任吗？

为鼓励和倡导见义勇为的行为，《民法典》在立法层面上给予见义勇为者免责保护。《民法典》规定，因保护他人民事权益使自己受到损害的，由侵权人承担民事责任，受益人可以给予适当补偿。没有侵权人、侵权人逃逸或者无力承担民事责任，受害人请求补偿的，受益人应当给予适当补偿。因自愿实施紧急救助行为造成受助人损害的，救助人不区分情形一律豁免民事责任。

58. 侮辱英雄烈士，应当承担什么责任？

英雄烈士在社会中有着广泛的道德认同，是中华民族宝贵的精神财富。对英雄烈士的侮辱，不仅是一般人格权的问题，也损害了社会公共利益。《民法典》规定，侵害英雄烈士等的姓名、肖像、名誉、荣誉，损害社会公共利益的，应当承担民事责任。

《中华人民共和国英雄烈士保护法》规定，对侵害英雄烈士的姓名、肖像、名誉、荣誉的行为，英雄烈士的近亲属可以依法向人民法院提起诉讼。英雄烈士没有近亲属或者近亲属不提起诉讼的，检察机关可发起公益诉讼，维护英雄烈士的合法权益。

59.《民法典》是如何规定诉讼时效和除斥期间的？

《民法典》规定，向人民法院请求保护民事权利的诉讼时效期间为三年。法律另有规定的，依照其规定。诉讼时效期间自权利人知道或者应当知道权利受到损害以及义务人之日起计算。法律另有规定的，依照其规定。但是，自权利受到损害之日起超过二十年的，人民法院不予保护，有特殊情况的，人民法院可以根据权利人的申请决定延长。

诉讼时效期间届满的，义务人可以提出不履行义务的抗辩。诉讼时效期间届满后，义务人同意履行的，不得以诉讼时效期间届满为由抗辩；义务人已经自愿履行的，不得请求返还。人民法院不得主动适用诉讼时效的规定。当事人对诉讼时效利益的预先放弃无效。

除斥期间是法律规定或者当事人约定的撤销权、解除权等权利的存续期间。除法律另有规定外，自权利人知道或者应当知道权利产生之日起计算，不适用有关诉讼时效中止、中断和延长的规定。存续期间届满，撤销权、解除权等权利消灭。

60. 未成年人遭性侵，成年后还能起诉吗？

未成年人遭性侵，成年后还可以起诉。《民法典》规定，未成年人遭受性侵害的损害赔偿请求权的诉讼时效期间，自受害人年满十八周岁之日起计算。同时，未成年人遭受性侵害后由其法定代理人代为提起了诉讼，主张了损害赔偿，但其成年之后如果对处理结果不满意的，仍有权自己请求行为人承担侵权赔偿责任。赔偿范围既包括财产损害赔偿，也包括精神损害赔偿。

需要注意的是，如果以十八周岁作为起算点，未成年人遭受性侵害，就普通诉讼时效期间三年而言，至少可以算到二十一周岁。如果这期间有中止、中断的情形发生，甚至在特定情况下有延长的情形，那么还可以比二十一周岁的时间更长。

61. 引起诉讼时效中止的情形有哪些？

在诉讼时效期间的最后六个月内，因下列障碍，不能行使请求权的，诉讼时效中止：（1）不可抗力；（2）无民事行为能力人或者限制民事行为能力人没有法定代理人，或者法定代理人死亡、丧失民事行为能力、丧失代理权；（3）继承开始后未确定继承人或者遗产管理人；（4）权利人被义务人或者其他人控制，如存在监护与被监护关系、权利人被义务人或其他人限制人身自由、义务人与权利人之间存在代表与被代表关系等；（5）其他导致权利人不能行使请求权的障碍。

自中止时效的原因消除之日起满六个月，诉讼时效期间届满。

62. 引起诉讼时效中断的情形有哪些？

有下列情形之一的，诉讼时效中断，从中断、有关程序终结时起，诉讼时效期间重新计算：（1）权利人向义务人提出履行请求；（2）义务人同意履行义务；（3）权利人提起诉讼或者申请仲裁；（4）与提起诉讼或者申请仲裁具有同等效力的其他情形。如申请支付令、为主张权利而申请宣告义务人失踪或死亡、申请强制执行等。

第二编

物　权

本编概述

BENBIAN GAISHU

物权是权利人依法对特定的物享有直接支配和排他的权利，包括所有权、用益物权和担保物权。物权是民事主体依法享有的重要财产权。本编是调整因物的归属和利用产生的民事关系。第二编物权以 2007 年《物权法》为基础，进行了修改和完善。该编共 5 分编，20 章，258 条。第一分编为通则，规定了物权基本原则，物权的设立、变更、转让和消灭的具体规则以及物权保护制度。第二分编规定了所有权制度的相关内容。第三分编规定了用益物权制度，分别对建设用地使用权、宅基地使用权、地役权、居住权中的用益物权人的基本权利和义务作出明确规定。第四分编对担保物权作了规定，分别对抵押权、质权和留置权的具体规则作出明确要求。第五分编对占有的相关规则进行了规定。

新法解读

XINFA JIEDU

本编与旧法的区别突出表现在以下几方面：

第一，所有权部分完善了业主的建筑物区分所有权制度。

第二，用益物权部分明确“住宅建设用地使用权期限届满的，自动续期。续期费用的缴纳或者减免，依照法律、行政法规的规定办理”。

增加规定“居住权”这一新型用益物权。

第三，担保物权部分规定担保合同包括抵押合同、质押合同和其他具有担保功能的合同。

要点分析
YAODIAN FENXI

1. 关于通则。明确规定了物权保护的具体种类：物权确认请求权，返还原物请求权，排除妨害请求权，修理、重作、更换或恢复原状请求权，物权损害赔偿请求权。

2. 关于所有权。对建筑物区分所有权的内容进行了完善：明确设立业主大会和选举业主委员会时应给予指导和协助；降低业主共同决定事项，特别是使用建筑物及其附属设施维修资金的表决门槛，并增加规定紧急情况下使用维修资金的特别程序。

3. 关于用益物权。对居住权用益物权的设立原则、设立方式、权利内容等进行了规定。

4. 关于担保物权。简化了抵押合同和质押合同的一般条款，明确了实现担保物权的统一受偿的规则。

知识问答
ZHISHI WENDA

1. 什么是动产和不动产？

动产是指能够移动而不损害其经济用途和经济价值的物，一般指金钱、器物等。不动产是指不能移动或如移动即会损害其经济效用和经济价值的物，如土地及固定在土地上的建筑物、桥梁、树木等。

动产和不动产有时是可以互变的。例如，果园中果树上的果实，挂在果树上时是不动产，但是如果采摘了下来，那就变成了动产。钢材水泥等是动产，但是用其做成了房屋，就变成了不动产。

2. 交了买房的首付款，就算拥有房子的所有权吗？

《民法典》规定，不动产物权的设立、变更、转让和消灭，经依法登记，发生效力；未经登记，不发生效力，但是法律另有规定的除外。同时进一步规定不动产物权的设立、变更、转让和消灭，依照法律规定应当登记的，自记载于不动产登记簿时发生效力。

在不动产房屋交易的过程中，即便买受人支付了首付款，如果未作产权登记，也不能算拥有房子的所有权。换言之，买受人只要完成了房屋过户登记，就取得该房屋所有权。

3. 房屋不动产要到哪里登记？

《民法典》规定，不动产登记，由不动产所在地的登记机构办理。国家对不动产实行统一登记制度。统一登记的范围、登记机构和登记办法，由法律、行政法规规定。登记机构不得有下列行为：（1）要求对不动产进行评估；（2）以年检等名义进行重复登记；（3）超出登记职责范围的其他行为。

4. 不动产权属证书与不动产登记簿记载不一致的如何处理？

不动产权属证书是指在不动产登记机构对不动产情况进行

审查、登记后，颁发给不动产权利人用于证明其享有不动产权利的证书。不动产权属证书可以作为某人享有不动产物权的证据，当事人之间发生权属争议时，一般情形下可以依据不动产权属证书来解决争议，确认权利。

《民法典》规定，不动产权属证书记载的事项，应当与不动产登记簿一致；记载不一致的，除有证据证明不动产登记簿确有错误外，以不动产登记簿为准。如果权利人、利害关系人认为不动产登记簿记载的事项错误的，可以申请更正登记。不动产登记簿记载的权利人不同意更正的，利害关系人可以申请异议登记。登记机构予以异议登记，申请人自异议登记之日起十五日内不提起诉讼的，异议登记失效。异议登记不当，造成权利人损害的，权利人可以向申请人请求损害赔偿。

5. 预告登记是什么？买房一定要做预告登记吗？

预告登记是房屋买卖过程中非常重要的一步，是指当事人签订买卖房屋或者其他不动产物权的协议，为保障将来实现物权，而按照约定可以向登记机关申请预告登记。如在商品房预售中，购房者可以就尚未建成的住房进行预告登记，以制约开发商把已出售的住房再次出售或者进行抵押。

《民法典》规定，当事人签订买卖房屋的协议或者签订其他不动产物权的协议，为保障将来实现物权，按照约定可以向登记机构申请预告登记。预告登记后，未经预告登记的权利人同意，处分该不动产的，不发生物权效力。预告登记后，债权消灭或者自能够进行不动产登记之日起九十日内未申请登记的，预告登记失效。

6. 动产所有权的转移时间是怎么确定的?

动产所有权的转移，一般是以交付为要件，交付即发生所有权的转移。动产交付是指在设立和转让动产物权时，由出让人将其对动产的占有移转给受让人。简言之，交付是移转标的物占有的行为。《民法典》规定：“动产物权的设立和转让，自交付时发生效力，但是法律另有规定的除外。船舶、航空器和机动车等的物权的设立、变更、转让和消灭，未经登记，不得对抗善意第三人。”

7. 什么是简易交付?

动产物权设立和转让前，权利人已经占有该动产的，物权自民事法律行为生效时发生效力。简易交付的特点是：交付在前，买卖在后。亦即买卖之前受让人已经通过寄托、租赁、借用等方式实际占有了动产，转移交付已经完成后，又达成了买卖协议，那么买卖协议成立时，视为交付。如甲将摄像机租给乙两个月，但在租期届满前，甲与乙达成摄像机的买卖合同，因乙在买卖合同成立之前就已经通过租赁占有摄像机了，所以乙对摄像机的所有权自买卖合同生效时取得。

8. 什么是占有改定?

动产物权转让时，当事人又约定由出让人继续占有该动产的，物权自该约定生效时发生效力。占有改定的特点是：买卖在前，交付在后。亦即买卖行为发生之后出卖人又与买受人达成租赁、借用等协议继续占有动产，动产并未交付而转移占有，那么租赁、借用等协议成立时，视为交付。如出卖人甲与买受人乙达成钢琴买卖合同，但是约定钢琴所有权转移的同时，买受人乙将钢琴再出租给出卖人甲一个月，那么钢琴虽然没有交付给乙，但甲已经不是所有权人了，而是以承租人的身份占有钢琴。

9. 什么是指示交付?

动产物权在设立和转让前，第三人占有该动产的，负有交付义务的人可以通过转让请求第三人返还原物的权利代替交付。如出卖人将由他人保管的机器设备出卖的，可将对保管人或仓储人的返还机器设备请求权让与买受人，以代替机器设备的实际交付。

10. 因人民法院的法律文书等导致物权变动的，该物权变动何时生效?

因人民法院、仲裁机构的法律文书或者人民政府的征收决定等，导致物权设立、变更、转让或者消灭的，自法律文书或者征收决定等生效时发生效力。因继承取得物权的，自继承开始时发生效力。因合法建造、拆除房屋等事实行为设立或者消灭物权的，自事实行为成就时发生效力。

11. 物权人的保护方式有哪些?

物权人的保护方式主要有以下几种：因物权的归属、内容发生争议的，利害关系人可以请求确认权利；无权占有不动产或者动产的，权利人可以请求返还原物；妨害物权或者可能妨害物权的，权利人可以请求排除妨害或者消除危险；造成不动产或者动产毁损的，权利人可以依法请求修理、重作、更换或者恢复原状；侵害物权，造成权利人损害的，权利人可以依法请求损害赔偿，也可以依法请求承担其他民事责任。上述物权保护方式，可以单独适用，也可以根据权利被侵害的情形合并适用。

12. 什么是所有权？

所有权是所有权人对自己的不动产或者动产，依法享有占有、使用、收益和处分的权利。所有权是物权的基础。包括国家所有权、集体所有权和私人所有权。所有权人有权在自己的不动产或者动产上设立用益物权和担保物权。用益物权人、担保物权人行使权利，不得损害所有权人的权益。法律规定专属于国家所有的不动产和动产，任何组织或者个人不能取得所有权。

13. 什么是征收？

征收是指为了公共利益的需要，依照法律规定的权限和程序可以征收集体所有的土地和组织、个人的房屋以及其他不动产的行为。

征收集体所有的土地，应当依法及时足额支付土地补偿费、安置补助费以及农村村民住宅、其他地上附着物和青苗等的补偿费用，并安排被征地农民的社会保障费用，保障被征地农民的生活，维护被征地农民的合法权益。征收组织、个人的房屋以及其他不动产，应当依法给予征收补偿，维护被征收人的合法权益；征收个人住宅的，还应当保障被征收人的居住条件。任何组织或者个人不得贪污、挪用、私分、截留、拖欠征收补偿费等费用。

从征收的具体规定可知，征收要满足两个前提条件即为了公共利益需要和依照法律规定的权限和程序。同时还要做到两个保障即保障被征地农民生活和保障被征收人的居住条件。另外征收的对象仅限于不动产即集体所有土地和单位、个人的房屋及其他不动产而不涉及动产。

14. 什么是征用?

征用是指因抢险救灾、疫情防控等紧急需要，依照法律规定的权限和程序征用组织、个人的不动产或者动产的行为。被征用的不动产或者动产使用后，应当返还被征用人。组织、个人的不动产或者动产被征用或者征用后毁损、灭失的，应当给予补偿。

征用与征收的根本区别在于被征用的组织、个人的不动产或者动产不因征用而丧失所有权，征用后会返还。

15. 哪些财产是专属于国家的?

国家所有权的客体具有广泛性，包括土地、矿藏、水流、海域、森林、山岭、草原、荒地、滩涂等自然资源，野生动植物资源，无线电频谱资源，文物，国防资产，铁路、公路、电力设施，电信设施和油气管道等基础设施等。

有些财产是专属于国家所有的，如矿藏、水流、海域、城市的土地、国防资产、无线电频谱资源、无居民海岛等。法律规定属于国家所有的财产，属于国家所有即全民所有。国有财产由国务院代表国家行使所有权。法律另有规定的，依照其规定。

16. 农民集体所有财产属于谁?

农民集体所有的不动产和动产，属于本集体成员集体所有。

集体所有的不动产和动产包括：（1）法律规定属于集体所有的土地和森林、山岭、草原、荒地、滩涂；（2）集体所有的建筑物、生产设施、农田水利设施；（3）集体所有的教育、科学、文化、卫生、体育等设施；（4）集体所有的其他不动产和动产。集体所有的财产受法律保护，禁止任何组织或者个人侵占、哄抢、私分、破坏。

17. 什么是业主的建筑物区分所有权?

建筑物区分所有权是业主对建筑物内的住宅、经营性用房等专有部分享有所有权，对专有部分以外的共有部分享有共有和共同管理的权利。例如，王某购买了一处住房，那么王某对其购买的房屋享有专有权利，同时对走廊、楼梯、小区绿地等公共设施与其他居住在小区的业主共同享有所有权和管理权。

18. 建筑区划内的公共设施应属哪些人所有?

建筑区划内道路、绿地等的所有权归属不明，容易导致业主与开发商、业主与物业公司产生矛盾和纠纷。为避免这些矛盾和纠纷的出现，《民法典》就建筑区划内道路、绿地等的所有权归属作出明确规定："建筑区划内的道路，属于业主共有，但是属于城镇公共道路的除外。建筑区划内的绿地，属于业主共有，但是属于城镇公共绿地或者明示属于个人的除外。建筑区划内的其他公共场所、公用设施和物业服务用房，属于业主共有。”

需要注意的是，建筑区划内道路、绿地归业主所有，不是指道路、绿地的土地所有权归业主所有，而是说绿地、道路作为土地上的附着物归业主所有。

19. 居民小区内车位的归属和使用是如何规定的?

车位、车库属于稀缺资源，车位、车库的归属与用途规定不明频频引发矛盾。为此《民法典》规定：“建筑区划内，规划用于停放汽车的车位、车库的归属，由当事人通过出售、附赠或者出租等方式约定。占用业主共有的道路或者其他场地用于停放汽车的车位，属于业主共有。”（道路、绿地本来就属于业主共有，当将之用于停放汽车时，自然还是属于业主共有。）建筑区划内，规划用于停放汽车的车位、车库应当首先满足业主的需要。业主具有优先使用权。

20. 哪些事项应由业主共同决定，其表决规则是什么?

《民法典》规定，下列事项由业主共同决定：（1）制定和修改业主大会议事规则；（2）制定和修改管理规约；（3）选举业主委员会或者更换业主委员会成员；（4）选聘和解聘物业服务企业或者其他管理人；（5）使用建筑物及其附属设施的维修资金；（6）筹集建筑物及其附属设施的维修资金；（7）改建、重建建筑物及其附属设施；（8）改变共有部分的用途或者利用共有部分从事经营活动；（9）有关共有和共同管理权利的其他重大事项。

根据《民法典》的规定，业主共同决定事项，应当由专有部分面积占比2/3以上的业主且人数占比2/3以上的业主参与表决。决定一般事项，只要经参与表决专有部分面积过半数的业主且参与表决人数过半数的业主同意即可；而决定重大事项，需要参与表决专有部分面积3/4以上的业主且参与表决人数3/4以上的业主同意。区分了参与表决的规则和通过规则。这种规则的设置能够更为便利地形成共同意志，打破久拖不决、资源闲置浪费的局面。

21. 建筑物及其附属设施维修资金应如何归属和使用？

建筑物及其附属设施的维修资金，属于业主共有。经业主共同决定，可以用于电梯、屋顶、外墙、无障碍设施等共有部分的维修、更新和改造。建筑物及其附属设施的维修资金的筹集、使用情况应当定期公布。

紧急情况下需要维修建筑物及其附属设施的，业主大会或者业主委员会可以依法申请使用建筑物及其附属设施的维修资金。

22. 小区电梯广告的收益归谁所有？

《民法典》规定，建设单位、物业服务企业或者其他管理人等利用业主的共有部分产生的收入，在扣除合理成本之后，属于业主共有。如物业服务企业利用小区空地用作停车场产生的收入，建设单位利用建筑物外墙面产生的收入等，就是建筑物共有部分产生的收益，在扣除合理成本之后，应当属于业主共有。

23. 业主的相关义务及责任有哪些？

业主应当遵守法律、法规以及管理规约，相关行为应当符合节约资源、保护生态环境的要求。对于物业服务企业或者其他管理人执行政府依法实施的应急处置措施和其他管理措施，业主应当依法予以配合。

业主大会或者业主委员会，对任意弃置垃圾、排放污染物或者噪声、违反规定饲养动物、违章搭建、侵占通道、拒付物业费等损害他人合法权益的行为，有权依照法律、法规以及管理规约，请求行为人停止侵害、排除妨碍、消除危险、恢复原状、赔偿损失。

业主或者其他行为人拒不履行相关义务的，有关当事人可以向有关行政主管部门报告或者投诉，有关行政主管部门应当依法处理。

24. 共有人对共有物的管理权有何规定？

共有人按照约定管理共有的不动产或者动产；没有约定或者约定不明确的，各共有人都有管理的权利和义务。处分共有的不动产或者动产以及对共有的不动产或者动产作重大修缮、变更性质或者用途的，应当经占份额 2/3 以上的按份共有人或者全体共同共有人同意，但是共有人之间另有约定的除外。

25. 共有人对共有物的分割应怎样进行？

共有人约定不得分割共有的不动产或者动产，以维持共有关系的，应当按照约定，但是共有人有重大理由需要分割的，可以请求分割；没有约定或者约定不明确的，按份共有人可以随时请求分割，共同共有人在共有的基础丧失或者有重大理由需要分割时可以请求分割。因分割造成其他共有人损害的，应当给予赔偿。

共有人可以协商确定分割方式。达不成协议，共有的不动产或者动产可以分割且不会因分割减损价值的，应当对实物予以分割；难以分割或者因分割会减损价值的，应当对折价或者拍卖、变卖取得的价款予以分割。

共有人分割所得的不动产或者动产有瑕疵的，其他共有人应当分担损失。所谓不动产或者动产有瑕疵的，是指共有物在质量上或权属等方面存在问题，这时就需要其他共有人分担损失。

26. 为什么按份共有人享有优先购买权？

按份共有人可以转让其享有的共有的不动产或者动产份额。其他共有人在同等条件下享有优先购买的权利。按份共有人享有优先购买权是因为购买人已先于买卖关系而与转让人存在于某种共有法律关系或法律事实中，转让行为与先买权人有更大的利害关系。

按份共有人转让其享有的共有的不动产或者动产份额的，应当将转让条件及时通知其他共有人。其他共有人应当在合理期限内行使优先购买权。两个以上其他共有人主张行使优先购买权的，协商确定各自的购买比例；协商不成的，按照转让时各自的共有份额比例行使优先购买权。

27. 因共有的不动产或动产产生的债权债务应如何处理？

因共有的不动产或者动产产生的债权债务，在对外关系上，共有人享有连带债权、承担连带债务，但是法律另有规定或者第三人知道共有人不具有连带债权债务关系的除外；在共有人内部关系上，除共有人另有约定外，按份共有人按照份额享有债权、承担债务，共同共有人共同享有债权、承担债务。偿还债务超过自己应当承担份额的按份共有人，有权向其他共有人追偿。

28. 当共有关系不明时，如何推断按份共有还是共同共有？

共有人对共有的不动产或者动产没有约定为按份共有或者共同共有，或者约定不明确的，除共有人具有家庭关系等外，视为按份共有。

按份共有人对共有的不动产或者动产享有的份额，没有约定或者约定不明确的，按照出资额确定；不能确定出资额的，视为等额享有。

29. 什么是善意取得？

善意取得是指无处分权人将不动产或者动产有偿转让给受让人的，如果受让人取得该财产时出于善意，且支付了合理的价格，那么受让人就依法取得对该不动产或者动产的所有权的一种法律制度。

在广泛的商品交换中，从事交换的当事人往往并不知道对方是否有权处分财产，也很难进行查证。比如我们去菜市场买菜，是不清楚卖菜的商贩是否对要出卖的蔬菜有权出卖的。如果受让人善意取得财产后，因为转让人的无权处分行为而使交易无效，并让受让人返还财产，就会造成当事人在交易时的不安全感，阻碍交易的正常进行。为确保商品交易的顺利进行和交易秩序的稳定，确立了善意取得制度。《民法典》明确规定："无处分权人将不动产或者动产转让给受让人的，所有权人有权追回；除法律另有规定外，符合下列情形的，受让人取得该不动产或者动产的所有权：（1）受让人受让该不动产或者动产时是善意；（2）以合理的价格转让；（3）转让的不动产或者动产依照法律规定应当登记的已经登记，不需要登记的已经交付给受让人。受让人依据前款规定取得不动产或者动产的所有权的，原所有权人有权向无处分权人请求损害赔偿。当事人善意取得其他物权的，参照适用前两款规定。"

30. 拾得遗失物、漂流物、发现埋藏物或隐藏物该如何处理?

《民法典》规定，拾得遗失物，应当返还权利人。拾得人应当及时通知权利人领取，或者送交公安等有关部门。对于无人认领的遗失物，归国家所有。

所有权人或者其他权利人有权追回遗失物。该遗失物通过转让被他人占有的，权利人有权向无处分权人请求损害赔偿，在自知道或者应当知道受让人之日起二年内向受让人请求返还原物；但是，受让人通过拍卖或者向具有经营资格的经营者购得该遗失物的，权利人请求返还原物时应当支付受让人所付的费用。权利人向受让人支付所付费用后，有权向无处分权人追偿。

拾得漂流物、发现埋藏物或者隐藏物的，参照适用拾得遗失物的有关规定。法律另有规定的，依照其规定。

31. 什么是天然孳息和法定孳息，如何归属？

天然孳息，是指原物因自然规律而产生的，或者按物的用法而收获的物。如牲畜下的幼崽，果树长出的果子，土地自然生长的粮食、草、树木等植物；法定孳息，是指根据法律的规定，由法律关系所产生的收益，如存款得到的利息。

天然孳息，由所有权人取得；既有所有权人又有用益物权人的，由用益物权人取得。当事人另有约定的，按照其约定。比如在土地承包经营的情况下，承包人通过对土地的经营获得土地上的粮食等孳息，这里的承包人就是用益物权人，不是所有权人，但孳息由承包人取得。

法定孳息，当事人有约定的，按照约定取得；没有约定或者约定不明确的，按照交易习惯取得。

32. 因“添附”而产生的物由谁所有？

生活中，经常会因加工、附合、混合而产生新的物，比如利用他人材料建造的房屋，这是附合物；用他人的石头进行雕刻而来的石雕工艺品，这是加工物；把他人的大米掺入自己的糯米里，这是混合物。当这些因添附而产生的新物出现后，就会发生所有权的归属问题。为此，《民法典》规定：“因加工、附合、混合而产生的物的归属，有约定的，按照约定；没有约定或者约定不明确的，依照法律规定；法律没有规定的，按照充分发挥物的效用以及保护无过错当事人的原则确定。因一方当事人的过错或者确定物的归属造成另一方当事人损害的，应当给予赔偿或者补偿。”

33. 什么是用益物权？

用益物权是用益物权人对他人所有的不动产或者动产，依法享有占有、使用和收益的权利，包括土地承包经营权、建设用地使用权、宅基地使用权、居住权、地役权。

34. 什么是土地承包经营权？

土地承包经营权人依法对其承包经营的耕地、林地、草地等享有占有、使用和收益的权利，有权从事种植业、林业、畜牧业等农业生产。土地承包经营权自土地承包经营权合同生效时设立。登记机构应当向土地承包经营权人发放土地承包经营权证、林权证等证书，并登记造册，确认土地承包经营权。

35. 住宅建设用地使用权期间届满怎么办？

在购房者看来，购买住宅通常只是 70 年土地使用权，但 70 年到期后，该如何处理？《民法典》明确规定，住宅建设用地使用权期限届满的，自动续期。续期费用的缴纳或者减免，依照法律、行政法规的规定办理。这是首次正式在法律上确认了土地到期后的续期费用，意味着将来土地到期之后，续期收费将是大方向。

36. 土地经营权可以转租和抵押吗？

《民法典》落实了农村承包地的“三权分置”，即土地所有权、土地承包经营权、土地经营权的分置。根据《民法典》规定，土地承包经营权人可以自主决定依法采取出租、入股或者其他方式向他人流转土地经营权。通过招标、拍卖、公开协商等方式承包农村土地，经依法登记取得权属证书的，可以依法采取出租、入股、抵押或者其他方式流转土地经营权。这就意味着，承包土地后转租出去有了法律保障，走正规程序，不用担心土地承包经营权会丢失。同时，耕地也可以抵押，这也是此次《民法典》的一个重要变化。

37. 什么是宅基地使用权？

宅基地使用权是宅基地使用权人依法对集体所有的土地享有占有和使用的权利，有权依法利用该土地建造住宅及其附属设施。宅基地使用权的取得、行使和转让，适用土地管理的法律和国家有关规定。

38. 居住权是怎么一回事？

《民法典》物权编的一大亮点，是增加规定“居住权”这一新型用益物权，明确居住权原则上无偿设立，居住权人有权按照合同约定或者遗嘱，经登记占有、使用他人的住宅，以满足居住需要。

设立居住权，当事人应当采用书面形式订立居住权合同，也可以遗嘱方式设立。居住权合同一般包括下列条款：（1）当事人的姓名或者名称和住所；（2）住宅的位置；（3）居住的条件和要求；（4）居住权期限；（5）解决争议的方法。

居住权无偿设立，但是当事人另有约定的除外。设立居住权的，应当向登记机构申请居住权登记。居住权自登记时设立。居住权不得转让、继承。设立居住权的住宅不得出租，但是当事人另有约定的除外。

39. 什么是担保物权？

担保物权是指为了确保债务履行而设立的物权，是担保物权人在债务人不履行到期债务或者发生当事人约定的实现担保物权的情形，依法享有就担保财产优先受偿的权利，但是法律另有规定的除外。担保物权包括抵押权、质权和留置权。

担保物权的担保范围包括主债权及其利息、违约金、损害赔偿金、保管担保财产和实现担保物权的费用。当事人另有约定的，按照其约定。

40. 担保物权设立方式是什么？

设立担保物权，应当依照本法和其他法律的规定订立担保合同。担保合同包括抵押合同、质押合同和其他具有担保功能的合同。担保合同是主债权债务合同的从合同。主债权债务合同无效的，担保合同无效，但是法律另有规定的除外。

担保合同被确认无效后，债务人、担保人、债权人有过错的，应当根据其过错各自承担相应的民事责任。

41. 未经担保人同意转移债务要承担什么法律后果？

第三人提供担保，未经其书面同意，债权人允许债务人转移全部或者部分债务的，担保人不再承担相应的担保责任。因为债务人的履约能力会有很大的不同，如果债务人转移全部或者部分债务给履约能力差的人，这个新的债务人无力履行债务，就会导致担保人必须承担担保责任，这对担保人明显不利，所以债权人允许债务人转移的必须经担保人书面同意才能对担保人有约束力，继续承担担保责任；否则担保人就不再承担相应的担保责任。

42. 人的担保和物的担保并存时如何分担责任?

被担保的债权既有物的担保又有人的担保（保证担保）的，债务人不履行到期债务或者发生当事人约定的实现担保物权的情形，债权人应当按照约定实现债权；没有约定或者约定不明确，债务人自己提供物的担保的，债权人应当先就该物的担保实现债权；第三人提供物的担保的，债权人可以就物的担保实现债权，也可以请求保证人承担保证责任。提供担保的第三人承担担保责任后，有权向债务人追偿。

43. 担保物权在什么样的情况下消灭?

有下列情形之一的，担保物权消灭：（1）主债权消灭；（2）担保物权实现；（3）债权人放弃担保物权；（4）法律规定担保物权消灭的其他情形。

44. 什么是抵押权?

抵押权是指为担保债务的履行，债务人或者第三人不转移财产的占有，将该财产抵押给债权人，债务人不履行到期债务或者发生当事人约定的实现抵押权的情形，债权人有权就该财产优先受偿的权利。

抵押法律关系的当事人为抵押人和抵押权人，客体为抵押财产。抵押人指为担保债的履行而提供抵押财产的债务人或者第三人。抵押权人指接受抵押担保的债权人。抵押财产指抵押人提供的用于担保债务履行的特定的物。

45. 哪些财产可以作为抵押物?

债务人或者第三人有权处分的下列财产可以抵押：（1）建筑物和其他土地附着物；（2）建设用地使用权；（3）海域使用权；（4）生产设备、原材料、半成品、产品；（5）正在建造的建筑物、船舶、航空器；（6）交通运输工具；（7）法律、行政法规未禁止抵押的其他财产。抵押人可以将上述所列财产一并抵押。

以上述第一项至第三项规定的财产或者第五项规定的正在建造的建筑物抵押的，应当办理抵押登记。抵押权自登记时设立。

46. 哪些财产不得作为抵押物?

下列财产不得抵押：（1）土地所有权；（2）宅基地、自留地、自留山等集体所有土地的使用权，但是法律规定可以抵押的除外；（3）学校、幼儿园、医疗机构等为公益目的成立的非营利法人的教育设施、医疗卫生设施和其他公益设施；（4）所有权、使用权不明或者有争议的财产；（5）依法被查封、扣押、监管的财产；（6）法律、行政法规规定不得抵押的其他财产。

47. 设立抵押权应当采取何种形式?

设立抵押权，当事人应当采用书面形式订立抵押合同。抵押合同一般包括下列条款：（1）被担保债权的种类和数额；（2）债务人履行债务的期限；（3）抵押财产的名称、数量等情况；（4）担保的范围。以动产抵押的，抵押权自抵押合同生效时设立；未经登记，不得对抗善意第三人。

48. 承租人主张“抵押不破租赁”需要满足哪些条件?

《民法典》生效后，承租人主张“抵押不破租赁”需要满足两个条件：（1）在抵押权设立前（对于房产而言，即抵押登记办理完毕），租赁合同已有效签署；（2）房产已转移占有。

对于承租人而言，在签署租赁合同前，需查明租赁房产上是否存在在先权利，可以要求出租人提供相应的产权证书，或向相关登记机关查询租赁房产的信息。在签署租赁合同后，及时要求承租人转移租赁房产的占有，并保留占有房屋的凭证。

49. 抵押财产不经抵押权人同意也可转让吗?

（1）抵押期间，抵押人可以转让抵押财产。当事人另有约定的，按照其约定。抵押财产转让的，抵押权不受影响。

（2）抵押人转让抵押财产的，应当及时通知抵押权人。抵押权人能够证明抵押财产转让可能损害抵押权的，可以请求抵押人将转让所得的价款向抵押权人提前清偿债务或者提存。转让的价款超过债权数额的部分归抵押人所有，不足部分由债务人清偿。

50. 抵押权的保护有何规定？

抵押人的行为足以使抵押财产价值减少的，抵押权人有权请求抵押人停止其行为；抵押财产价值减少的，抵押权人有权请求恢复抵押财产的价值，或者提供与减少的价值相应的担保。抵押人不恢复抵押财产的价值，也不提供担保的，抵押权人有权请求债务人提前清偿债务。

51. 抵押权有哪些实现方式？

债务人不履行到期债务或者发生当事人约定的实现抵押权的情形，抵押权人可以与抵押人协议以抵押财产折价或者以拍卖、变卖该抵押财产所得的价款优先受偿。协议损害其他债权人利益的，其他债权人可以请求人民法院撤销该协议。

抵押权人与抵押人未就抵押权实现方式达成协议的，抵押权人可以请求人民法院拍卖、变卖抵押财产。抵押财产折价或者变卖的，应当参照市场价格。

52. 同一财产上多个抵押权并存时，以什么顺序清偿？

同一财产向两个以上债权人抵押的，拍卖、变卖抵押财产所得的价款依照下列规定清偿：（1）抵押权已经登记的，按照登记的时间先后确定清偿顺序；（2）抵押权已经登记的先于未登记的受偿；（3）抵押权未登记的，按照债权比例清偿。其他可以登记的担保物权，清偿顺序参照适用前款规定。

53. 什么是质权?

质权是指债权人占有债务人或第三人为担保债务履行而移交的财产，在债务人不履行债务时就该财产的变卖价金优先受偿的权利。

在质权关系中，债务人或第三人须将质物交与质权人占有，从而不再享有对质物的占有、使用及收益。质权包括动产质权与权利质权。不动产原则上不能设定质权。

质权人又叫质押权人，是指占有财产，并在债务人不履行债务时以该财产折价或者以拍卖、变卖该财产的价款优先受偿的人。在质押行为中，提供财产的人称为出质人，交付的财产称为质押财产。

54. 质权人在质押期间有何义务?

质权人在质权存续期间，未经出质人同意，擅自使用、处分质押财产，造成出质人损害的，应当承担赔偿责任。

质权人负有妥善保管质押财产的义务；因保管不善致使质押财产毁损、灭失的，应当承担赔偿责任。质权人的行为可能使质押财产毁损、灭失的，出质人可以请求质权人将质押财产提存，或者请求提前清偿债务并返还质押财产。

55. 质权人到期不行使质权怎么办?

出质人可以请求质权人在债务履行期限届满后及时行使质权；质权人不行使的，出质人可以请求人民法院拍卖、变卖质押财产。

出质人请求质权人及时行使质权，因质权人怠于行使权利造成出质人损害的，由质权人承担赔偿责任。

56. 权利质权的范围包括哪些？

债务人或者第三人有权处分的下列权利可以出质：(1) 汇票、本票、支票；(2) 债券、存款单；(3) 仓单、提单；(4) 可以转让的基金份额、股权；(5) 可以转让的注册商标专用权、专利权、著作权等知识产权中的财产权；(6) 现有的以及将有的应收账款；(7) 法律、行政法规规定可以出质的其他财产权利。

以汇票、本票、支票、债券、存款单、仓单、提单出质的，质权自权利凭证交付质权人时设立；没有权利凭证的，质权自办理出质登记时设立。法律另有规定的，依照其规定。

57. 没有足额缴纳手机修理费，修理部是否可以行使留置权？

如果甲在一定期限内不能付清修理费，则修理部可以与甲协商将手机折价或者将手机拍卖、变卖，用所得价款来优先清偿修理费。修理部为甲维修手机所享有的权利就是留置权。留置权设立的目的是担保债权的实现。

留置权作为一种担保权还是一种法定的权利。即留置权不需要当事人事先约定，只要具备法律规定的要件，不论债务人是否同意，债权人均可依法行使留置权。由于留置权的法定性，所以法律对留置权的发生和效力有严格的限制，不能随意行使。如《民法典》规定，法律规定或者当事人约定不得留置的动产，不得留置。留置权人与债务人应当约定留置财产后的债务履行期限；没有约定或者约定不明确的，留置权人应当给债务人六十日以上履行债务的期限，但是鲜活易腐等不易保管的动产除外。债务人逾期未履行的，留置权人可以与债务人协议以留置财产折价，也可以就拍卖、变卖留置财产所得的价款优先受偿。留置财产折价或者变卖的，应当参照市场价格。债务人可以请求留置权人在债务履行期限届满后行使留置权；留置权人不行使的，债务人可以请求人民法院拍卖、变卖留置财产。

第三编

合　同

本编概述
BENBIAN GAISHU

合同制度是市场经济的基本法律制度。合同编以《合同法》为基础，进行了修改和完善。本编共3分编，29章，526条。设“通则”“典型合同”“准合同”3个分编。通则部分规定了合同的订立、效力、履行、保全、转让、终止、违约责任等一般性规则。典型合同部分在合同法规定的买卖合同、赠与合同、借款合同、租赁合同等15种典型合同基础上又增加了保证合同、保理合同、物业服务合同和合伙合同，对各类合同中的合同内容、当事人的权利与义务等内容作出明确规定。准合同部分对无因管理和不当得利一般性规则作了规定。

新法解读
XINFA JIEDU

本编与旧法相比突出表现在以下几方面：

第一，通则部分完善了电子合同订立规则，增加了预约合同的具体规定，增加规定了情势变更制度。

第二，在合同履行部分，规定“当事人在履行合同过程中应当避免浪费资源、污染环境和破坏生态”，落实绿色原则。

第三，典型合同部分增加了4种新的典型合同，分别是保证合同、保理合同、物业服务合同、合伙合同。一是明确规定禁止高利放贷。二是增加规定房屋承租人的优先承租权。三是细化了客运合同当事人的权利义务，规制霸座行为。

要点分析
YAODIAN FENXI

1. 关于通则。完善债法的一般性规则。债的履行规则上，规定了选择之债、多数人之债的履行规则以及第三人清偿规则。

2. 关于典型合同。完善买卖合同。全面规定了检验期限和所有权保留规则。

3. 关于准合同。准合同是债的特殊形式。其本质上不是合同又类似合同。《民法典》关于准合同规定了无因管理和不当得利中当事人的权利与义务以及相应的法律责任。

知识问答
ZHISHI WENDA

1. 什么是合同？

合同是民事主体之间设立、变更、终止民事法律关系的协议。婚姻、收养、监护等有关身份关系的协议，适用有关该身份关系的法律规定。依法成立的合同，受法律保护。

根据合同自愿原则，是否订立合同或与谁订合同等事项，均由当事人自愿约定。但是，合同依法成立生效后，对当事人就具有法律约束力。当事人应当按照合同的约定履行自己的义务，如果不履行合同义务或者履行合同义务不符合约定，就要承担违约责任。

依法成立的合同受法律保护。所谓受法律保护，就是如果一方当事人未取得对方当事人同意，擅自变更或者解除合同，不履行合同义务或者履行合同义务不符合约定，从而使对方当事人的权益受到损害，受损害方向人民法院起诉要求维护自己的权益时，法院就要依法维护，对于擅自变更或者解除合同的一方当事人强制其履行合同义务并承担违约责任。

2. 合同的内容一般包括哪些条款?

合同的内容就是合同的条款，由当事人约定产生。合同的权利义务，除法律规定的以外，主要由合同的条款确定。合同的条款是否齐备、准确，决定了合同能否成立、生效以及能否顺利地履行。为此，《民法典》对合同的主要条款作了如下规定：（1）当事人的姓名或者名称和住所；（2）标的；（3）数量；（4）质量；（5）价款或者报酬；（6）履行期限、地点和方式；（7）违约责任；（8）解决争议的方法。合同在一般情况下应包括这些条款，但不限于这些条款。不同的合同，由于其类型与性质不同，其主要条款会有所不同。比如，买卖合同中有价格条款，而在无偿合同如赠与合同中就没有此项条款。

3. 乘客上车就成立客运合同吗?

乘客与客运公司之间即便没有明示协议，但可以依当事人的行为推定客运合同成立。有关合同订立的形式，《民法典》规定可以采用书面形式、口头形式或者其他形式。口头形式直接、简便、快速，数额较小或者现款交易通常都会采用口头形式。如在自由市场买菜等。

书面形式是指以合同书、信件、电报、电传、传真等可以有形地表现所载内容的形式。以电子数据交换、电子邮件等方式能够有形地表现所载内容，并可以随时调取查用的数据电文，也视为书面形式。书面形式因为有据可查，所以有利于防止争议和解决纠纷。其他形式是根据当事人的行为或特定情形推定合同成立。正如乘客上车，客运合同成立，就是采取的以行为形式订立合同。

4. 什么是要约？

要约是一方当事人以缔结合同为目的，向对方当事人提出合同条件，希望对方当事人接受的意思表示。发出要约的一方称要约人，接受要约的一方称受要约人。要约是当事人订立合同的一种方式，是指希望与他人订立合同的意思表示，该意思表示应当符合下列条件：（1）内容具体确定；（2）表明经受要约人承诺，要约人即受该意思表示约束。

要约不同于事实行为。要约作为一种缔约的意思表示，它能够对要约人和受要约人产生一种拘束力。尤其是要约人在要约的有效期限内，必须受要约内容的拘束。要约发出后，非依法律规定或受要约人的同意，不得擅自撤回、撤销或者变更要约的内容。

5. 什么是要约邀请？

要约邀请就是一种希望他人向自己发出要约的意思表示。它是当事人订立合同的预备行为，不能因相对人的承诺而成立合同。要约邀请人在发出要约邀请以后撤回的，只要没给善意相对人造成信赖利益的损失，一般不用承担责任。拍卖公告、招标公告、招股说明书、债券募集办法、基金招募说明书、商业广告和宣传、寄送的价目表等均为要约邀请。

6. 要约何时生效?

要约到达受要约人时生效。以对话方式作出的意思表示，相对人知道其内容时生效。以非对话方式作出的意思表示，到达相对人时生效。以非对话方式作出的采用数据电文形式的意思表示，相对人指定特定系统接收数据电文的，该数据电文进入该特定系统时生效；未指定特定系统的，相对人知道或者应当知道该数据电文进入其系统时生效。当事人对采用数据电文形式的意思表示的生效时间另有约定的，按照其约定。

7. 要约的撤回有何规定?

要约的撤回是指要约生效前，要约人使其不发生法律效力的意思表示。撤回要约意思表示的通知应当在意思表示到达受要约人前或者与要约意思表示同时到达受要约人。要约一经撤回，即失去效力。要约撤回后，接受要约的一方当事人所为的“承诺”就视为一项新的要约。

8. 要约的撤销有何规定?

要约的撤销是指要约人使其要约丧失法律效力的意思表示。撤销要约的意思表示以对话方式作出的，该意思表示的内容应当在受要约人作出承诺之前为受要约人所知道；撤销要约的意思表示以非对话方式作出的，应当在受要约人作出承诺之前到达受要约人。

9. 什么是承诺?

承诺是当事人订立合同的一种方式，是指受要约人同意要约的意思表示。承诺应当以通知的方式作出。但是，根据交易习惯或者要约表明可以通过行为作出承诺的除外。例如，顾客用商场的储物柜存物品就是以行为承诺与商场建立无偿保管关系。

10. 承诺可以撤回吗?

承诺可以撤回。撤回承诺的通知应当在承诺通知到达要约人之前或者与承诺通知同时到达要约人。承诺的撤回是指受要约人阻止承诺发生法律效力的意思表示。由于承诺一经送达要约人即发生法律效力，合同即刻成立，所以撤回承诺的通知应当在承诺通知到达之前或者与承诺通知同时到达要约人。如果撤回承诺的通知晚于承诺的通知到达要约人，则承诺已经生效，合同已经成立，受要约人便不能撤回承诺。

11. 承诺是否可以对要约的内容作出变更?

承诺的内容应当与要约的内容一致。受要约人对要约的内容作出实质性变更的，为新要约。有关合同标的、数量、质量、价款或者报酬、履行期限、履行地点和方式、违约责任和解决争议方法等的变更，是对要约内容的实质性变更。

承诺对要约的内容作出非实质性变更的，除要约人及时表示反对或者要约表明承诺不得对要约的内容作出任何变更外，该承诺有效，合同的内容以承诺的内容为准。

12. 双方的合同什么情况下表示已经成立?

合同的成立主要有以下几种情况：当事人采用合同书形式订立合同的，自当事人均签名、盖章或者按指印时合同成立。在签名、盖章或者按指印之前，当事人一方已经履行主要义务，对方接受时，该合同成立。法律、行政法规规定或者当事人约定合同应当采用书面形式订立，当事人未采用书面形式但是一方已经履行主要义务，对方接受时，该合同成立。

当事人采用信件、数据电文等形式订立合同要求签订确认书的，签订确认书时合同成立。当事人一方通过互联网等信息网络发布的商品或者服务信息符合要约条件的，对方选择该商品或者服务并提交订单成功时合同成立，但是当事人另有约定的除外。

13. 什么是预约合同?

在社会经济活动中存在大量预约合同的情况。其原因就是在当事人订立合同的条件尚未成熟时，但又不愿意失去交易机会，就会选择先预约，即为将来签订本约合同而签订合同，为这种预约所签订的合同通常称为预约合同。《民法典》规定："当事人约定在将来一定期限内订立合同的认购书、订购书、预订书等，构成预约合同。"有预约就有本约，本约是为了履行预约而订立的合同。"当事人一方不履行预约合同约定的订立合同义务的，对方可以请求其承担预约合同的违约责任"。

14. 什么是格式条款?

格式条款，又称为标准条款、标准合同、格式合同等，是当事人为了重复使用而预先拟定，并在订立合同时未与对方协商的条款。使用格式条款的好处是简捷、省时、方便、降低交易成本，但其弊端在于，提供商品或者服务的一方往往利用其优势地位，制定有利于自己而不利于交易对方的条款。因此，必须在立法上予以限制。就是要求提供格式条款的一方应当遵循公平原则确定当事人之间的权利和义务，并采取合理的方式提示对方注意免除或者减轻其责任等与对方有重大利害关系的条款，按照对方的要求，对该条款予以说明。提供格式条款的一方未履行提示或者说明义务，致使对方没有注意或者理解与其有重大利害关系的条款的，对方可以主张该条款不成为合同的内容。格式合同在生活中比较常见，比如保险合同，航空或旅客运输合同，供电、供水、供热合同和邮政电信服务合同等。

15. 格式条款的解释规则是什么？

格式条款是合同的一部分条款，因此格式条款的解释也要适用合同解释的一般规则，但是与合同其他条款相比，格式条款的解释又有其特殊的要求。《民法典》规定，对格式条款的理解发生争议的，应当按照通常理解予以解释。对格式条款有两种以上解释的，应当作出不利于提供格式条款一方的解释。格式条款和非格式条款不一致的，应当采用非格式条款。

16. 如何理解缔约过失责任？

缔约过失责任，也称为先契约责任或者缔约过失中的损害赔偿责任，是指在合同缔结过程中，一方当事人违反了以诚实信用为基础的先契约义务，造成了另一方当事人的损害，因此应承担的法律后果。《民法典》对缔约过失责任承担情形作了列举规定：当事人在订立合同过程中有下列情形之一，造成对方损失的，应当承担赔偿责任：（1）假借订立合同，恶意进行磋商；（2）故意隐瞒与订立合同有关的重要事实或者提供虚假情况；（3）有其他违背诚信原则的行为。一旦存在上述一种缔约过失，就要承担缔约过失责任。

17. 当事人在订立合同过程中有保密义务吗？

当事人在订立合同过程中不一定要履行保密义务。在一般的合同订立过程中，并不涉及保密、信息、商业秘密的问题。因为在订立合同的过程中，为了使对方与自己缔约，就要向对方介绍自己业务的一些基本情况，这些信息不涉及商业秘密，当事人可以使用和比较。

但是，如果订立合同的过程中知悉商业秘密，就需要承担保密义务。商业秘密是指不为公众所知悉、能为权利人带来经济利益、具有实用性并经权利人采取保密措施的技术信息和经营信息。《民法典》规定，当事人在订立合同过程中知悉的商业秘密或者其他应当保密的信息，无论合同是否成立，不得泄露或者不正当地使用；泄露、不正当地使用该商业秘密或者信息，造成对方损失的，应当承担赔偿责任。

18. 合同生效时间是以什么为准？

合同生效是指合同产生法律约束力。从合同生效开始，当事人享有合同中的权利与义务。如果当事人违反合同，将依法承担民事责任。所以确定合同的生效时间有重要的法律意义。为此，《民法典》规定，依法成立的合同，自成立时生效，但是法律另有规定或者当事人另有约定的除外。例如买卖合同，如果双方当事人对合同的生效没有特别约定，那么双方当事人就买卖合同的主要内容达成一致时，合同就成立并且生效。

依照法律、行政法规的规定，合同应当办理批准等手续的，依照其规定。未办理批准等手续影响合同生效的，不影响合同中履行报批等义务条款以及相关条款的效力。应当办理申请批准等手续的当事人未履行义务的，对方可以请求其承担违反该义务的责任。

19. 合同中的哪些免责条款属于无效条款？

免责条款就是为免除或者限制一方或者双方当事人未来责任的条款，是由双方当事人在合同中约定的。一般来说，只要是建立在当事人自愿的基础上经过充分协商确定的免责条款，在不违反社会公共利益的前提下，这样的免责条款是有法律效力的。反之，则是无效的。《民法典》规定，合同中的下列免责条款无效：（1）造成对方人身损害的；（2）因故意或者重大过失造成对方财产损失的。

20. 合同内容约定不明确时适用哪些规定？

当事人就有关合同内容约定不明确，适用下列规定：（1）质量要求不明确的，按照强制性国家标准履行；没有强制性国家标准的，按照推荐性国家标准履行；没有推荐性国家标准的，按照行业标准履行；没有国家标准、行业标准的，按照通常标准或者符合合同目的的特定标准履行。(2) 价款或者报酬不明确的，按照订立合同时履行地的市场价格履行；依法应当执行政府定价或者政府指导价的，依照规定履行。(3) 履行地点不明确，给付货币的，在接受货币一方所在地履行；交付不动产的，在不动产所在地履行；其他标的，在履行义务一方所在地履行。(4) 履行期限不明确的，债务人可以随时履行，债权人也可以随时请求履行，但是应当给对方必要的准备时间。(5) 履行方式不明确的，按照有利于实现合同目的的方式履行。(6) 履行费用的负担不明确的，由履行义务一方负担；因债权人原因增加的履行费用，由债权人负担。

21. 执行政府定价或者政府指导价的合同的履行规则有哪些？

执行政府定价或者政府指导价的，在合同约定的交付期限内政府价格调整时，按照交付时的价格计价。逾期交付标的物的，遇价格上涨时，按照原价格执行；价格下降时，按照新价格执行。逾期提取标的物或者逾期付款的，遇价格上涨时，按照新价格执行；价格下降时，按照原价格执行。

22. 电子商务合同标的交付时间怎么确定？

随着社会的发展，电子技术也越来越流行。通过互联网等信息网络订立的电子合同也越来越普遍。比如在“网上购物”平台上选择商品并成功提交订单来建立电子合同。这类合同标的交付时间的确定就很重要，因为交付时间决定了标的物毁损和灭失的风险转移时间。为此《民法典》作了如下规定：“电子合同的标的为交付商品并采用快递物流方式交付的，收货人的签收时间为交付时间。电子合同的标的为提供服务的，生成的电子凭证或者实物凭证中载明的时间为提供服务时间；前述凭证没有载明时间或者载明时间与实际提供服务时间不一致的，以实际提供服务的时间为准。电子合同的标的物为采用在线传输方式交付的，合同标的物进入对方当事人指定的特定系统且能够检索识别的时间为交付时间。电子合同当事人对交付商品或者提供服务的方式、时间另有约定的，按照其约定。”

23. 什么是按份债权和按份债务？

债权人为二人以上，标的可分，按照份额各自享有债权的，为按份债权；如甲对丙享有一万元债权，乙对丙享有二万元债权，甲乙各自向丙主张自己的债权。

债务人为二人以上，标的可分，按照份额各自负担债务的，为按份债务。如甲乙两人共欠丙二万元，其中，甲欠丙五千元，乙欠丙一万五千元，甲乙两人只对自己的债务负责。

按份债权人或者按份债务人的份额难以确定的，视为份额相同。

24. 什么是连带债权和连带债务？

债权人为二人以上，部分或者全部债权人均可以请求债务人履行债务的，为连带债权；债务人为二人以上，债权人可以请求部分或者全部债务人履行全部债务的，为连带债务。连带债权或者连带债务，由法律规定或者当事人约定。

25. 连带债务人追偿权有何规定?

连带债务人之间的份额难以确定的，视为份额相同。实际承担债务超过自己份额的连带债务人，有权就超出部分在其他连带债务人未履行的份额范围内向其追偿，并相应地享有债权人的权利，但是不得损害债权人的利益。其他连带债务人对债权人的抗辩，可以向该债务人主张。被追偿的连带债务人不能履行其应分担份额的，其他连带债务人应当在相应范围内按比例分担。

26. 承租人拖欠租金，次承租人可否代替支付?

因承租人拖欠租金可能导致违约而被解除租赁合同，进而危及次承租人利益。在这种情况下，由次承租人代为支付就避免了承租人的违约，当然次承租人支付给出租人的租金可向承租人主张。对此《民法典》规定："债务人不履行债务，第三人对履行该债务具有合法利益的，第三人有权向债权人代为履行；但是，根据债务性质、按照当事人约定或者依照法律规定只能由债务人履行的除外。债权人接受第三人履行后，其对债务人的债权转让给第三人，但是债务人和第三人另有约定的除外。"

27. "一手交钱一手交货"属于同时履行抗辩权吗?

"一手交钱一手交货"就是同时履行的合同，任何一方没有履行而要求对方履行时，对方都有权拒绝履行。只有自己履行了才有权要求对方履行，这种履行规则就是同时履行抗辩权。

同时履行抗辩权是指当事人互负债务，没有先后履行顺序的，应当同时履行。一方在对方履行之前有权拒绝其履行请求。一方在对方履行债务不符合约定时，有权拒绝其相应的履行请求。

28. 因债权人原因导致债务履行困难时如何处理？

当债务人要积极履行义务，却因债权人的分立、合并或者变更住所没有通知债务人而导致无法履行时，应该给予债务人相应的解决办法，这就是债务人可以终止履行或者将标的物提存。

29. 债务人提前履行债务应该怎样处理？

债务人提前履行债务，是指债务人在合同约定的履行期限到来之前就履行合同。当事人在合同中一般都对履行期间作出明确的规定，债务人应当按照约定履行。《民法典》规定，债务人提前履行债务不损害债权人利益的，债权人不可以拒绝债务人提前履行债务；债务人提前履行债务损害债权人利益的，债权人可以拒绝债务人提前履行债务。债务人提前履行债务给债权人增加的费用，由债务人负担。

30. 什么是情势变更？

情势变更是指合同成立后，合同的基础条件发生了当事人在订立合同时无法预见的、不属于商业风险的重大变化，继续履行合同对于当事人一方是明显不公平的，受不利影响的当事人可以与对方重新协商；在合理期限内协商不成的，当事人可以请求人民法院或者仲裁机构变更或者解除合同的制度。人民法院或者仲裁机构应当结合案件的实际情况，根据公平原则变更或者解除合同。

31. 什么是代位权?

代位权属于合同保全制度之一，设置目的是减少因债务人怠于行使其到期债权，而对债权人造成的损害。债权人行使代位权的条件满足时，可以向人民法院请求以自己的名义代位行使债务人的债权，以此实现债权，减少损失。

《民法典》对代位权有明确规定："因债务人怠于行使其债权或者与该债权有关的从权利，影响债权人的到期债权实现的，债权人可以向人民法院请求以自己的名义代位行使债务人对相对人的权利，但是该权利专属于债务人自身的除外。代位权的行使范围以债权人的到期债权为限。债权人行使代位权的必要费用，由债务人负担。相对人对债务人的抗辩，可以向债权人主张。"

32. 何为"单方解除有一年除斥期间的限制"?

除斥期间是对权利行使时间的限制，一年除斥期间也就是说这个权利应当在一年的期限内行使，不然的话这个权利就自动归于消灭。法律规定或者当事人约定解除权行使期限，期限届满当事人不行使的，该权利消灭。法律没有规定或者当事人没有约定解除权行使期限，自解除权人知道或者应当知道解除事由之日起一年内不行使，或者经对方催告后在合理期限内不行使的，该权利消灭。关于撤销权的行使期间《民法典》规定，撤销权自债权人知道或者应当知道撤销事由之日起一年内行使。自债务人的行为发生之日起五年内没有行使撤销权的，该撤销权消灭。

33. 合同签订后还可以变更吗？

合同成立后，当事人应当按照合同的约定履行合同。任何一方未经对方同意，都不得改变合同的内容。但是合同签订后，当事人在合同履行前或者履行过程中也会出现一些新的情况，需要当事人对合同内容重新修改或者补充。所以当事人协商一致，可以变更合同。当事人对合同变更的内容约定不明确的，推定为未变更。

34. 什么是债权转让？

债权转让就是债权人与第三人订立合同将其债权移转给第三人享有。债权人可以将债权的全部或者部分转让给第三人，但是有下列情形之一的除外：（1）根据债权性质不得转让；（2）按照当事人约定不得转让；（3）依照法律规定不得转让。

债权人转让债权，未通知债务人的，该转让对债务人不发生效力。

债权转让的通知不得撤销，但是经受让人同意的除外。

债权人转让债权的，受让人取得与债权有关的从权利，但是该从权利专属于债权人自身的除外。

35. 什么是债务转移？

债务转移是将债务人的全部债务或者部分债务移转给第三人承受。债务人将债务的全部或者部分转移给第三人的，应当经债权人同意。债务人或者第三人可以催告债权人在合理期限内予以同意，债权人未作表示的，视为不同意。

债务人转移债务的，新债务人应当承担与主债务有关的从债务，但是该从债务专属于原债务人自身的除外。

债务人转移债务的，新债务人可以主张原债务人对债权人的抗辩；原债务人对债权人享有债权的，新债务人不得向债权人主张抵销。

36. 合同的权利和义务可以一并转让吗？

当事人一方经对方同意，可以将自己在合同中的权利和义务一并转让给第三人。合同的权利和义务一并转让的，适用债权转让、债务转移的有关规定。

合同的权利和义务一并转让的后果实际上导致合同主体发生了变更。如甲乙双方订立一个买卖合同，甲在合同履行前把自己在该合同中的权利和义务一并转让给丙后，那么合同的主体就变成乙和丙。

37. 债权债务关系终止的情形有哪些？

有下列情形之一的，债权债务终止：（1）债务已经履行；（2）债务相互抵销；（3）债务人依法将标的物提存；（4）债权人免除债务；（5）债权债务同归于一人；（6）法律规定或者当事人约定终止的其他情形。合同解除的，该合同的权利义务关系终止。

债权债务终止后，当事人应当遵循诚信等原则，根据交易习惯履行通知、协助、保密、旧物回收等义务。

债权债务终止时，债权的从权利同时消灭，但是法律另有规定或者当事人另有约定的除外。

38. 哪些情形可以单方面解除合同？

有下列情形之一的，当事人可以解除合同：(1) 因不可抗力致使不能实现合同目的；(2) 在履行期限届满前，当事人一方明确表示或者以自己的行为表明不履行主要债务；(3) 当事人一方迟延履行主要债务，经催告后在合理期限内仍未履行；(4) 当事人一方迟延履行债务或者有其他违约行为致使不能实现合同目的；(5) 法律规定的其他情形。

以持续履行的债务为内容的不定期合同，当事人可以随时解除合同，但是应当在合理期限之前通知对方。

39. 解除合同的流程是什么？

当事人一方依法主张解除合同的，应当通知对方。合同自通知到达对方时解除；通知载明债务人在一定期限内不履行债务则合同自动解除，债务人在该期限内未履行债务的，合同自通知载明的期限届满时解除。对方对解除合同有异议的，任何一方当事人均可以请求人民法院或者仲裁机构确认解除行为的效力。

当事人一方未通知对方，直接以提起诉讼或者申请仲裁的方式依法主张解除合同，人民法院或者仲裁机构确认该主张的，合同自起诉状副本或者仲裁申请书副本送达对方时解除。

40. 什么是债务的抵销？

债务的抵销是指当事人双方互负债务时，各以其债权清偿债务，使双方债务在对等数额内相互消灭。例如，乙在合同约定的还款日期，应支付给甲 8 万元人民币货款，与此同时甲也欠乙 8 万元人民币，并已到清偿日期，此时，乙可以向甲表明，自己不偿还甲的 8 万元债务，甲也不必偿还欠自己的 8 万元债务。甲乙债务相互抵销。

《民法典》规定："当事人互负债务，该债务的标的物种类、品质相同的，任何一方可以将自己的债务与对方的到期债务抵销；但是，根据债务性质、按照当事人约定或者依照法律规定不得抵销的除外。当事人主张抵销的，应当通知对方。通知自到达对方时生效。抵销不得附条件或者附期限。""当事人互负债务，标的物种类、品质不相同的，经协商一致，也可以抵销。"

41. 哪些情形下标的物可以提存？

提存是指由于债权人的原因，导致债务人无法向债权人交付合同标的物时，债务人将该标的物交给提存机关而消灭债务的制度。例如，债务人乙在合同约定的履行期限，准备向债权人甲交付房租，但无法联系上出租人甲，乙可以将租金提存以消灭支付租金债务。

关于提存法律有明确规定。有下列情形之一，难以履行债务的，债务人可以将标的物提存：（1）债权人无正当理由拒绝受领；（2）债权人下落不明；（3）债权人死亡未确定继承人、遗产管理人，或者丧失民事行为能力未确定监护人；（4）法律规定的其他情形。

标的物不适于提存或者提存费用过高的，债务人依法可以拍卖或者变卖标的物，提存所得的价款。标的物提存后，债务人应当及时通知债权人或者债权人的继承人、遗产管理人、监护人、财产代管人。提存成立的，视为债务人在其提存范围内已经交付标的物。

42. 提存对债权人有何效力？

标的物提存后，毁损、灭失的风险由债权人承担。提存期间，标的物的孳息归债权人所有。提存费用由债权人负担。

债权人可以随时领取提存物。但是，债权人对债务人负有到期债务的，在债权人未履行债务或者提供担保之前，提存部门根据债务人的要求应当拒绝其领取提存物。

债权人领取提存物的权利，自提存之日起五年内不行使而消灭，提存物扣除提存费用后归国家所有。但是，债权人未履行对债务人的到期债务，或者债权人向提存部门书面表示放弃领取提存物权利的，债务人负担提存费用后有权取回提存物。

43. 什么是违约责任？

违约责任是指当事人一方不履行合同义务或者履行合同义务不符合约定的，应当承担继续履行、采取补救措施或者赔偿损失等责任。违约责任的成立以有效的合同存在为前提，可以由当事人在订立合同时事先约定。违约责任属于一种财产责任。

如果当事人承担的是赔偿损失责任，那么损失赔偿额应当相当于因违约所造成的损失，包括合同履行后可以获得的利益；但是，不得超过违约一方订立合同时预见到或者应当预见到的因违约可能造成的损失。

如果当事人都违反合同的，应当各自承担相应的责任。当事人一方违约造成对方损失，对方对损失的发生有过错的，可以减少相应的损失赔偿额。

44. 什么是预期违约?

预期违约是指当事人一方明确表示或者以自己的行为表明不履行合同义务的，对方可以在履行期限届满前请求其承担违约责任。“明确表示”就是明示的预期违约；“以自己的行为表明”就是默示的预期违约。

例如，甲乙订立了一份买卖合同，约定一个月后乙向甲交付标的物。可是在约定的交付日期到来之前，乙将唯一的标的物出卖给第三人，第三人取得了该标的物的所有权，此时出卖人乙到期不可能再履行合同义务，乙的行为对甲就是预期违约行为，而且是默示的预期违约。那么甲一旦获知乙的行为就可以马上请求乙承担违约责任，而不必等到合同履行期限届至。

45. 什么是违约金?

违约金是指按照当事人的约定或者法律直接规定，一方当事人违约的，应向另一方当事人支付的金钱。违约金是合同救济方式的一种，也是对违约的一种经济制裁。当事人可以约定一方违约时应当根据违约情况向对方支付一定数额的违约金，也可以约定因违约产生的损失赔偿额的计算方法。

约定的违约金低于造成的损失的，人民法院或者仲裁机构可以根据当事人的请求予以增加；约定的违约金过分高于造成的损失的，人民法院或者仲裁机构可以根据当事人的请求予以适当减少。当事人就迟延履行约定违约金的，违约方支付违约金后，还应当履行债务。

46. 什么是定金?

定金是债的一种担保方式，当事人可以依据法律的规定，约定一方向对方给付定金作为债权的担保。定金合同自实际交付定金时成立。定金的数额由当事人约定；但是，不得超过主合同标的额的百分之二十，超过部分不产生定金的效力。

债务人履行债务的，定金应当抵作价款或者收回。给付定金的一方不履行债务或者履行债务不符合约定，致使不能实现合同目的的，无权请求返还定金；收受定金的一方不履行债务或者履行债务不符合约定，致使不能实现合同目的的，应当双倍返还定金。

47. 因不可抗力造成违约的，可以免除责任吗?

当事人一方因不可抗力不能履行合同的，根据不可抗力的影响，部分或者全部免除责任，但是法律另有规定的除外。因不可抗力不能履行合同的，应当及时通知对方，以减轻可能给对方造成的损失，并应当在合理期限内提供证明。当事人迟延履行后发生不可抗力的，不免除其违约责任。

48. 什么是买卖合同?

买卖合同是出卖人转移标的物的所有权于买受人，买受人支付价款的合同。买卖合同的内容一般包括标的物的名称、数量、质量、价款、履行期限、履行地点和方式、包装方式、检验标准和方法、结算方式、合同使用的文字及其效力等条款。

49. 标的物毁损、灭失的风险承担有何规定？

由于标的物毁损、灭失的风险承担涉及买卖双方当事人最根本的利益，所以它是买卖合同中不容忽视的问题。所谓的风险承担是指在买卖合同生效后，非因当事人双方的原因如地震、火灾、飓风等致使标的物发生毁损、灭失时，该损失由哪方当事人承担。风险承担的关键是风险的转移，即如何确定风险转移的时间。转移的时间确定了，风险由谁来承担也就明确了。

《民法典》规定了以下几种风险转移的标准：（1）标的物毁损、灭失的风险，在标的物交付之前由出卖人承担，交付之后由买受人承担，但是法律另有规定或者当事人另有约定的除外。（2）因买受人的原因致使标的物未按照约定的期限交付的，买受人应当自违反约定时起承担标的物毁损、灭失的风险。（3）出卖人出卖交由承运人运输的在途标的物，除当事人另有约定外，毁损、灭失的风险自合同成立时起由买受人承担。（4）出卖人按照约定将标的物运送至买受人指定地点并交付给承运人后，标的物毁损、灭失的风险由买受人承担。（5）出卖人按照约定或者依据《民法典》第六百零三条第二款的规定将标的物置于交付地点，买受人违反约定没有收取的，标的物毁损、灭失的风险自违反约定时起由买受人承担。（6）因标的物不符合质量要求，致使不能实现合同目的的，买受人可以拒绝接受标的物或者解除合同。买受人拒绝接受标的物或者解除合同的，标的物毁损、灭失的风险由出卖人承担。（7）出卖人按照约定未交付有关标的物的单证和资料的，不影响标的物毁损、灭失风险的转移。

标的物毁损、灭失的风险由买受人承担的，不影响因出卖人履行义务不符合约定，买受人请求其承担违约责任的权利。

50. 买受人的检验义务是什么？

在买卖合同的履行过程中，买受人对标的物检验是一项重要的权利。因为检验的目的是查明出卖人交付的标的物是否与合同的约定相符，这直接影响着买受人的合同利益，所以《民法典》对此作出明确规定：

买受人收到标的物时应当在约定的检验期限内检验。没有约定检验期限的，应当及时检验。

当事人约定检验期限的，买受人应当在检验期限内将标的物的数量或者质量不符合约定的情形通知出卖人。买受人怠于通知的，视为标的物的数量或者质量符合约定。

当事人没有约定检验期限的，买受人应当在发现或者应当发现标的物的数量或者质量不符合约定的合理期限内通知出卖人。买受人在合理期限内未通知或者自收到标的物之日起二年内未通知出卖人的，视为标的物的数量或者质量符合约定；但是，对标的物有质量保证期的，适用质量保证期，不适用该二年的规定。出卖人知道或者应当知道提供的标的物不符合约定的，买受人不受前面规定的通知时间的限制。

51. 买卖合同标的物的孳息归谁所有？

孳息是由原标的物滋生、增值、繁衍而来的，是基于对标的物的所有或占有而产生的受益。《民法典》规定：标的物在交付之前产生的孳息，归出卖人所有；交付之后产生的孳息，归买受人所有。但是，当事人另有约定的除外。即当事人可以约定标的物在交付之前与交付之后孳息都归出卖人所有。

52. 分批交付标的物的合同应如何解除？

出卖人分批交付标的物的，出卖人对其中一批标的物不交付或者交付不符合约定，致使该批标的物不能实现合同目的的，买受人可以就该批标的物解除。

出卖人不交付其中一批标的物或者交付不符合约定，致使之后其他各批标的物的交付不能实现合同目的的，买受人可以就该批以及之后其他各批标的物解除。

买受人如果就其中一批标的物解除，该批标的物与其他各批标的物相互依存的，可以就已经交付和未交付的各批标的物解除。

53. 什么是分期付款买卖？

分期付款买卖，是指买受人在一定期间内将应付的商品总价款分成若干份，按不同日期向出卖人支付的买卖合同。分期付款买卖是一种特殊买卖，在某种意义上属于一种赊购。一般用于购买商品价格较高，一次性支付有困难的商品买卖。比如购买商品房、汽车很多人都采用分期付款方式。在分期付款买卖中当事人双方可以自由约定付款的期限和次数。

必须注意的是在分期付款买卖中，出卖人存在着不能取得全部价金的风险，为了保护出卖人的利益，就要设置一定的交付规则来平衡双方利益。其规则就是分期付款的买受人未支付到期价款的数额达到全部价款的五分之一，经催告后在合理期限内仍未支付到期价款的，出卖人可以请求买受人支付全部价款或者解除合同。出卖人解除合同的，可以向买受人请求支付该标的物的使用费。

54. 什么是试用买卖?

试用买卖是一种附条件的买卖，试用买卖的买受人在试用期内可以购买标的物，也可以拒绝购买。试用期限届满，买受人对是否购买标的物未作表示的，视为购买。如空调可免费试用一星期的约定，一星期后买受人既未通知出卖人接受标的物，也未通知拒绝认可标的物，并且未将空调退还出卖人，则视为买受人同意购买标的物。试用买卖的买受人在试用期内已经支付部分价款或者对标的物实施出卖、出租、设立担保物权等行为的，视为同意购买。试用买卖一般都有试用期限的要求，因此试用买卖的当事人可以约定标的物的试用期限。

55. 什么是所有权保留的买卖?

所有权保留的买卖是指当事人在买卖合同中约定买受人未履行支付价款或者其他义务，标的物的所有权属于出卖人的合同。所有权保留买卖合同中，买受人未履行支付价款或者其他义务就可以把标的物取走，如果这时对标的物所有权转移不作保留的特别约定的话，那么就会使出卖人冒着巨大风险，就是当买受人无法履行价款支付义务或者其他义务时，出卖人既得不到价款，也失去标的物所有权，只能请求买受人承担违约责任。在这种情况下，出卖人为了充分保护自己的利益，就可以约定虽然标的物交付，但所有权不转移，直到付清货款所有权才转移。这样出卖人通过延缓所有权移转的方式来担保出卖人交付货款。

56. 什么是赠与合同？

赠与合同是赠与人将自己的财产无偿给予受赠人，受赠人表示接受赠与的合同。因为赠与是无偿行为，所以赠与人在赠与财产的权利转移之前可以撤销赠与。但是经过公证的赠与合同或者依法不得撤销的具有救灾、扶贫、助残等公益、道德义务性质的赠与合同，不能撤销赠与。可是在赠与合同订立后或者赠与人已经部分履行赠与义务后，赠与人的经济状况显著恶化，严重影响其生产经营或者家庭生活时，可以不再履行赠与义务。

57. 在哪些情况下赠与人可以撤销赠与？

赠与合同是赠与人将自己的财产无偿给予受赠人，受赠人表示接受赠与的合同。赠与人在赠与财产的权利转移之前可以撤销赠与。

《民法典》规定，受赠人有下列情形之一的，赠与人可以撤销赠与：（1）严重侵害赠与人或者赠与人近亲属的合法权益；（2）对赠与人有扶养义务而不履行；（3）不履行赠与合同约定的义务。撤销权人应当依法及时行使撤销权。法律要求赠与人的撤销权，自知道或者应当知道撤销事由之日起一年内行使。

因受赠人的违法行为致使赠与人死亡或者丧失民事行为能

力的，赠与人的继承人或者法定代理人可以撤销赠与。赠与人的继承人或者法定代理人的撤销权，自知道或者应当知道撤销事由之日起六个月内行使。

58. 什么是借款合同?

借款合同是借款人向贷款人借款，到期返还借款并支付利息的合同。借款合同应当采用书面形式，但是自然人之间借款另有约定的除外。借款合同的内容一般包括借款种类、币种、用途、数额、利率、期限和还款方式等条款。自然人之间的借款合同，自贷款人提供借款时成立。

借款人未按照约定的期限返还借款的，应当按照约定或者国家有关规定支付逾期利息。借款人提前返还借款的，除当事人另有约定外，应当按照实际借款的期间计算利息。借款人可以在还款期限届满前向贷款人申请展期；贷款人同意的，可以展期。

59. 禁止高利放贷写入《民法典》了吗?

近年来，学生群体的“校园贷”、中老年群体的“套路贷”以及互联网借款中的高利贷、暴力催收等乱象频出，造成了极其恶劣的社会影响。《民法典》从上位法的高度对高利放贷行为进行规制，这也是我国首次在人大立法层面明确对高利贷行为予以禁止。

《民法典》规定，禁止高利放贷，借款的利率不得违反国家有关规定。借款合同对支付利息没有约定的，视为没有利息。借款合同对支付利息约定不明确，当事人不能达成补充协议的，按照当地或者当事人的交易方式、交易习惯、市场利率等因素确定利息；自然人之间借款的，视为没有利息。借款的利息不得预先在本金中扣除。利息预先在本金中扣除的，应当按照实际借款数额返还借款并计算利息。

60. 什么是保证合同？

保证合同是为保障债权的实现，保证人和债权人约定，当债务人不履行到期债务或者发生当事人约定的情形时，保证人履行债务或者承担责任的合同。

保证合同的内容一般包括被保证的主债权的种类、数额，债务人履行债务的期限，保证的方式、范围和期间等条款。

保证合同可以是单独订立的书面合同，也可以是主债权债务合同中的保证条款。第三人单方以书面形式向债权人作出保证，债权人接收且未提出异议的，保证合同成立。

61. 什么是一般保证？

当事人在保证合同中约定，债务人不能履行债务时，由保证人承担保证责任的，为一般保证。

一般保证的保证人在主合同纠纷未经审判或者仲裁，并就债务人财产依法强制执行仍不能履行债务前，有权拒绝向债权人承担保证责任，但是有下列情形之一的除外：（1）债务人下落不明，且无财产可供执行；（2）人民法院已经受理债务人破产案件；（3）债权人有证据证明债务人的财产不足以履行全部债务或者丧失履行债务能力；（4）保证人书面表示放弃本款规定的权利。

62. 什么是连带保证？

当事人在保证合同中约定保证人和债务人对债务承担连带责任的，为连带责任保证。

连带责任保证的债务人不履行到期债务或者发生当事人约定的情形时，债权人可以请求债务人履行债务，也可以请求保证人在其保证范围内承担保证责任。

63. 什么是租赁合同？

租赁合同是出租人将租赁物交付承租人使用、收益，承租人支付租金的合同。租赁合同是在人们的经济生活和日常生活中经常使用的一种合同。通过租赁，承租人与出租人双方的利益可以同时得到满足。

租赁合同的内容一般包括租赁物的名称、数量、用途、租赁期限、租金及其支付期限和方式、租赁物维修等条款。当事人未依照法律、行政法规规定办理租赁合同登记备案手续的，不影响合同的效力。

租赁期限六个月以上的，应当采用书面形式。当事人未采用书面形式，无法确定租赁期限的，视为不定期租赁。

64. 租赁合同的最长期限是多久？

租赁期限的长短是由当事人根据其使用租赁物的目的和租赁物的性质自主决定的。在动产租赁中，一般都是临时使用，租赁期限比较短，在不动产房屋租赁中，承租人居住需要相对稳定，所以期限一般较长。但期限也不能太过长，所以《民法典》规定：“租赁期限不得超过二十年。超过二十年的，超过部分无效。租赁期限届满，当事人可以续订租赁合同继续满足使用的需要；但是，约定的租赁期限自续订之日起也不得超过二十年。”

65. 租赁物的维修义务应当由谁承担？

承租人租赁的目的是使用收益，在使用租赁物时会有正常的消耗，这就需要必要的维修。对租赁物的维修义务应当由出租人承担，这是出租人在租赁合同中的主要义务。但是当事人另有约定的除外。比如“大修为主，小修为客”。承租人在租赁物需要维修时可以请求出租人在合理期限内维修。出租人未履行维修义务的，承租人可以自行维修，维修费用由出租人负担。因维修租赁物影响承租人使用的，应当相应地减少租金或者延长租期。当然因承租人的过错致使租赁物需要维修的，出租人不承担上述规定的维修义务。

66. 承租人可否对房屋进行简单装修？

承租人经出租人同意可以对房屋进行装修。《民法典》规定，承租人经出租人同意，可以对租赁物进行改善或者增设他物。对租赁物进行改善是指对租赁物的性能进行改良，并不改变其外观形状，如对租来的汽车进行环保改良；增设他物是指在原有的租赁物上又添加另外的物，如对出租房屋装修。承租人未经出租人同意，对租赁物进行改善或者增设他物的，承租人不但不能要求出租人返还所支付的费用，而且还要向出租人承担恢复原状或者赔偿损失的责任。

67. 想做“二房东”，怎么做才合法？

所谓的“二房东”讲的是一种转租关系，就是承租人将租赁物转让给第三人使用收益，承租人与第三人形成新的租赁关系，但承租人与出租人的租赁关系仍然存在的一种交易形式。

承租人基于租赁有权占有、使用租赁物但无权处分租赁物，允许承租人随意转租，承租人有可能会利用这种形式将租来的房屋层层租赁，以获取暴利，不仅侵害房屋所有人的利益，也会伤害后面的承租人利益。因此承租人只有经出租人同意，才可以将租赁物转租给第三人。承租人转租的，承租人与出租人之间的租赁合同继续有效；第三人造成租赁物损失的，承租人应当向出租人赔偿损失。

承租人未经出租人同意转租的，出租人可以解除合同。出租人知道或者应当知道承租人转租，但是在6个月内未提出异议的，视为出租人同意转租。

68. 在租期内突然被通知房子卖了，要求搬家怎么办？

房子出租后，房主作为所有权人可以进行房屋买卖，但在买卖时要对承租人的利益进行一定的保护，就是不影响承租人继续租用该租赁物，这种制度叫“买卖不破租赁”。因此承租人可以不搬家。

《民法典》规定：“租赁物在承租人按照租赁合同占有期限内发生所有权变动的，不影响租赁合同的效力。”就是说即使买受人不知道该租赁合同存在，买受人在取得该租赁物的所有权时就与承租人产生了租赁合同关系，成为一个新的出租人，继承原房主作为出租人的权利和义务，继续与承租人保持租赁关系。

69. 什么是承租人的优先购买权?

承租人的优先购买权是指出租人在出卖租赁的房屋时，承租人在同等条件下优先购买该租赁房屋的权利。其主要目的是保护承租人的居住利益。为此《民法典》规定，出租人出卖租赁房屋的，应当在出卖之前的合理期限内通知承租人，承租人享有以同等条件优先购买的权利；但是，房屋按份共有人行使优先购买权或者出租人将房屋出卖给近亲属的除外。出租人履行通知义务后，承租人在十五日内未明确表示购买的，视为承租人放弃优先购买权。出租人委托拍卖人拍卖租赁房屋的，应当在拍卖五日前通知承租人。承租人未参加拍卖的，视为放弃优先购买权。

70. 什么是房屋承租人的优先承租权?

优先承租权是指租赁期限届满，房屋承租人享有以同等条件优先承租的权利。优先承租权主要发生在房屋租赁合同中，在租赁期限届满，出租人需继续出租时，原承租人在同等条件下优先于第三人取得租用的权利。非房屋租赁合同的承租人没有优先承租权。

71. 什么是承揽合同?

承揽合同是承揽人按照定作人的要求完成工作，交付工作成果，定作人支付报酬的合同。承揽包括加工、定作、修理、复制、测试、检验等工作。

承揽合同的内容一般包括承揽的标的、数量、质量、报酬，承揽方式，材料的提供，履行期限，验收标准和方法等条款。

72. 什么是运输合同？

运输合同是承运人将旅客或者货物从起运地点运输到约定地点，旅客、托运人或者收货人支付票款或者运输费用的合同。从事公共运输的承运人不得拒绝旅客、托运人通常、合理的运输要求。

73. 旅客办理退票或者变更手续有何规定？

作为运输合同凭证的客票，通常都载明了航次或者车次、运输开始的时间、客位的等级和票价等内容。旅客因自己的原因不能按照客票记载的时间乘坐的，应当在约定的期限内办理退票或者变更手续；逾期办理的，承运人可以不退票款，并不再承担运输义务。

如果旅客不能按照客票的时间乘坐的原因是由于承运人造成的，旅客可以要求承运人安排改乘其他班次或者退票。此时对于旅客要求退票的，承运人应当全额退还票款。

74. 《民法典》对于旅客“买短乘长”和“霸座”是如何规定的？

客票是旅客运输合同的证明，旅客凭持有的客票就可以要求承运人履行运输的义务，当然旅客应当按照有效客票记载的时间、班次和座位号乘坐。旅客无票乘坐、超程乘坐、越级乘坐或者持不符合减价条件的优惠客票乘坐的，应当补交票款，承运人可以按照规定加收票款；旅客不支付票款的，承运人可以拒绝运输。其中补足票款是乘客的义务，规定了“应当”；承运人是否按规定向乘客加收票款则酌情处理用了“可以”。对于旅客不交付票款的，承运人可以拒绝运输即承运人有权在适当的地点令其离开运输工具。

75. 运输合同承运人有什么义务？

承运人应当按照有效客票记载的时间、班次和座位号运输旅客。承运人迟延运输或者有其他不能正常运输情形的，应当及时告知和提醒旅客，采取必要的安置措施，并根据旅客的要求安排改乘其他班次或者退票；由此造成旅客损失的，承运人应当承担赔偿责任，但是不可归责于承运人的除外。

承运人擅自降低服务标准的，应当根据旅客的请求退票或者减收票款；提高服务标准的，不得加收票款。

实名制客运合同的旅客丢失客票的，可以请求承运人挂失补办，承运人不得再次收取票款和其他不合理费用。

承运人在运输过程中，应当尽力救助患有急病、分娩、遇险的旅客。

76. 托运人可以随时解除运输合同吗？

托运人只要提出变更或解除合同，可以不经过承运人同意，承运人也无权过问相对方变更和解除合同的原因。《民法典》规定：“在承运人将货物交付收货人之前，托运人可以要求承运人中止运输、返还货物、变更到达地或者将货物交给其他收货人，但是应当赔偿承运人因此受到的损失。”

77. 在货物运输中，承运人对运输货物的毁损、灭失是否应当承担责任？

运输行为是风险作业，在运输过程中不可避免地有损害的发生，一般情况下承运人对运输过程中货物的毁损、灭失承担赔偿责任。但是，如果承运人能证明货物的毁损、灭失是因不可抗力、货物本身的自然性质或者合理损耗以及托运人、收货人的过错造成的，就不承担赔偿责任。

78. 什么是保管合同？

保管合同是保管人保管寄存人交付的保管物，并返还该物的合同。寄存人到保管人处从事购物、就餐、住宿等活动，将物品存放在指定场所的，视为保管，但是当事人另有约定或者另有交易习惯的除外。

保管合同自保管物交付时成立，但是当事人另有约定的除外。

寄存人应当按照约定向保管人支付保管费。当事人对保管费没有约定或者约定不明确，依据《民法典》第五百一十条的规定仍不能确定的，视为无偿保管。

79. 保管人应承担哪些义务？

保管合同订立的直接目的是由保管人保管物品，而非以保管人获得保管物品的所有权或使用权为目的。因此保管人应当妥善保管保管物。当事人可以约定保管场所或者方法。除紧急情况或者为维护寄存人利益外，不得擅自改变保管场所或者方法。

保管人应当亲自保管保管物，不得将保管物转交第三人保管，但是当事人另有约定的除外。保管人违反规定，将保管物转交第三人保管，造成保管物损失的，应当承担赔偿责任。

保管人在保管期间只有权占有保管物，保管人不得使用或者许可第三人使用保管物，但是当事人另有约定的除外。

80. 什么是委托合同？

委托合同是委托人和受托人约定，由受托人处理委托人事务的合同。委托人可以特别委托受托人处理一项或者数项事务，也可以概括委托受托人处理一切事务。这些事务既可以是买卖、租赁等事项，也可以是代理诉讼等活动。但委托人所委托的事务不得违反法律的有关规定。

81. 什么是转委托，具备哪些条件才可以转委托？

转委托是受托人把本应由自己亲自处理的委托事务交给他人处理的行为。经委托人同意，受托人可以转委托。转委托经同意或者追认的，委托人可以就委托事务直接指示转委托的第三人，受托人仅就第三人的选任及其对第三人的指示承担责任。转委托未经同意或者追认的，受托人应当对转委托的第三人的行为承担责任；但是，在紧急情况下受托人为了维护委托人的利益需要转委托第三人的除外。

82. 委托人和受托人可以随时提出解除合同吗？

委托合同是以双方信任为存在的条件，如果信任关系被破坏，那么不需有任何的理由，委托人或者受托人可以随时解除委托合同。

当然因解除合同造成对方损失的，除不可归责于该当事人的事由外，无偿委托合同的解除方应当赔偿因解除时间不当造成的直接损失，有偿委托合同的解除方应当赔偿对方的直接损失和合同履行后可以获得的利益。

83. 委托人报酬如何支付？

受托人完成委托事务的，委托人应当按照约定向其支付报酬。

因不可归责于受托人的事由，委托合同解除或者委托事务不能完成的，委托人应当向受托人支付相应的报酬。当事人另有约定的，按照其约定。

84. 什么是物业服务合同？

物业服务合同是物业服务人在物业服务区域内，为业主提供建筑物及其附属设施的维修养护、环境卫生和相关秩序的管理维护等物业服务，业主支付物业费的合同。物业服务人包括物业服务企业和其他管理人。

物业服务合同的内容一般包括服务事项、服务质量、服务费用的标准和收取办法、维修资金的使用、服务用房的管理和使用、服务期限、服务交接等条款。

物业服务人公开作出的有利于业主的服务承诺，为物业服务合同的组成部分。即在物业服务纠纷中即使物业服务合同文本中没有明确写入服务承诺，但只要业主能够证明物业服务人确曾有过承诺，法院就可以确认其效力。物业服务合同应当采用书面形式。

85. 物业服务企业可否将物业服务转委托？

《民法典》明确禁止将全部物业服务转委托，或者将全部物业服务项目支解后分别转委托。《民法典》规定，物业服务人将物业服务区域内的部分专项服务事项委托给专业性服务组织或者其他第三人的，应当就该部分专项服务事项向业主负责。物业服务人不得将其应当提供的全部物业服务转委托给第三人，或者将全部物业服务支解后分别转委托给第三人。

86. 物业服务人的基本义务是什么？

物业服务人应当按照约定和物业的使用性质，妥善维修、养护、清洁、绿化和经营管理物业服务区域内的业主共有部分，维护物业服务区域内的基本秩序，采取合理措施保护业主的人身、财产安全。

对物业服务区域内违反有关治安、环保、消防等法律法规的行为，物业服务人应当及时采取合理措施制止、向有关行政主管部门报告并协助处理。

87. 物业服务人应当信息公开吗？

物业服务人应当定期将服务的事项、负责人员、质量要求、收费项目、收费标准、履行情况，以及维修资金使用情况、业主共有部分的经营与收益情况等以合理方式向业主公开并向业主大会、业主委员会报告。

88. 物业费该不该交?

业主应当按照约定向物业服务人支付物业费。物业服务人已经按照约定和有关规定提供服务的，业主不得以未接受或者无须接受相关物业服务为由拒绝支付物业费。

业主违反约定逾期不支付物业费的，物业服务人可以催告其在合理期限内支付；合理期限届满仍不支付的，物业服务人可以提起诉讼或者申请仲裁。

物业服务人不得采取停止供电、供水、供热、供燃气等方式催交物业费。

89. 业主装饰装修房屋，需要事先告知物业服务企业吗?

业主装饰装修房屋的，应当事先告知物业服务人，遵守物业服务人提示的合理注意事项，并配合其进行必要的现场检查。同时，业主转让、出租物业专有部分、设立居住权或者依法改变共有部分用途的，也应当及时将相关情况告知物业服务人。

90. 物业服务企业在物业服务合同终止时，应如何交接工作?

物业服务合同终止后，在业主或者业主大会选聘的新物业服务人或者决定自行管理的业主接管之前，原物业服务人应当继续处理物业服务事项，并可以请求业主支付该期间的物业费。

91. 什么是中介合同？

中介合同是中介人向委托人报告订立合同的机会或者提供订立合同的媒介服务，委托人支付报酬的合同。中介人是居于交易双方当事人之间起介绍、协助作用的中间人。

中介人应当就有关订立合同的事项向委托人如实报告。中介人故意隐瞒与订立合同有关的重要事实或者提供虚假情况，损害委托人利益的，不得请求支付报酬并应当承担赔偿责任。报告不真实，将误导委托人订立有可能受到损害的合同，因此不但不能请求支付报酬而且应当承担赔偿责任。

92. 恶意“跳单”行为需要向中介支付报酬吗？

“跳单”行为是指在中介合同中，委托人在接受中介服务后，利用中介人提供的交易机会或媒介服务，绕开中介人直接与第三人订立合同。依照《民法典》第九百六十五条规定，委托人在接受中介人的服务后，利用中介人提供的交易机会或者媒介服务，绕开中介人直接订立合同的，应当向中介人支付报酬。

93. 什么是合伙合同？合伙事务需要合伙人共同决定执行吗？

合伙合同是两个以上合伙人为了共同的事业目的，订立的共享利益、共担风险的协议。合伙合同的主体既可以是自然人，也可以是法人组织、非法人组织。

合伙人就合伙事务作出决定的，除合伙合同另有约定外，应当经全体合伙人一致同意。合伙事务由全体合伙人共同执行。

按照合伙合同的约定或者全体合伙人的决定，可以委托一个或者数个合伙人执行合伙事务；其他合伙人不再执行合伙事务，但是有权监督执行情况。

合伙人分别执行合伙事务的，执行事务合伙人可以对其他合伙人执行的事务提出异议；提出异议后，其他合伙人应当暂停该项事务的执行。

94. 合伙人是否承担债务，连带责任怎么划分？

合伙人对合伙债务承担连带责任。全体合伙人对合伙经营的亏损额，对外应当负连带责任；偿还合伙债务超过自己应当承担数额的合伙人，有权向其他合伙人追偿。

95. 什么是无因管理？

无因管理是指未受他人委托，也无法律上的义务，为避免他人利益受损失而自愿为他人管理事务或提供服务的事实行为。无因管理毕竟是对他人事物的管理，所以管理过程中应当采取有利于受益人的方法。生活中无因管理的行为有多种，有的紧急，有的不紧急。如果管理的他人事物不紧急的，应当等待受益人的指示。在无因管理活动中能够通知受益人的，应当及时通知受益人。

96. 银行柜台取款，误操作多给的钱是否为不当得利？

这种情况是不当得利，应将不当利益予以返还。被银行多支付款项的取款人没有法律根据取得多出来的款项是不当利益，这时受损失的银行可以请求得利的取款人返还取得的利益即多出的款项。《民法典》规定，得利人没有法律根据取得不当利益的，受损失的人可以请求得利人返还取得的利益。但是在以下三种情形下不属于不当得利。（1）为履行道德义务进行的给付。如对亲属误以为有抚养义务而抚养。（2）债务到期之前的清偿。不损害债权人利益的提前清偿有利于债权人，是债务人损失期限利益的情形，但发生债务消灭的效果。（3）明知无给付义务而进行的债务清偿。如赠与。上述三种情况都不属于不当得利。

在不当得利中，善意得利人即得利人不知道且不应当知道取得的利益没有法律根据，取得的利益已经不存在的，不承担返还该利益的义务。

第四编

人格权

本编概述

BENBIAN GAISHU

第四编人格权立法目的是为维护人格尊严、保护人格利益，为实现人民群众美好幸福生活提供法律保障，同时也为回应互联网、大数据等高科技时代对法律的挑战，解决人格权保护的时代难题。该编体系上采用小总分结构，规定了本编总则及分则，分则中以五章篇幅对具体人格权益进行了规定。

新法解读

XINFA JIEDU

本编与旧法相比突出了以下几个方面的内容：

第一，扩张了人格利益的保护范围，如规定笔名、译名等参照姓名权、名称权的保护规定。

第二，确立了人格利益的许可使用规则，如对姓名权、肖像权的许可使用作出规定。

第三，规定了禁令、删除、更正等制度，强化对人格权损害的防微杜渐。

第四，确立了规制和防止性骚扰的规则，明确了用人单位的义务，即采取合理措施防止和制止利用职权、从属关系等实施性骚扰。

第五，确立了从事人体基因、胚胎科研活动的底线和规则。

要点分析 YAODIAN FENXI

本编重点内容有：

1. 人格权保护的禁令制度。民事主体有证据证明行为人正在实施或者即将实施侵害其人格权的违法行为，有权向人民法院申请制止侵权行为的禁令。

2. 肖像扩张保护制度：对肖像界定的扩大解释拓展了肖像保护范围，并将肖像保护准用到对声音的保护上来。

3. 个人信息保护制度。包括对个人信息的定义、范围进行了明确，并对私密信息明确了适用有关隐私权的规定。

4. 隐私保护丰富了立法内容，包括对隐私的定义及侵权表现方式作了列举，以达到对自然人私人生活安宁的更好保护。

知识问答 ZHISHI WENDA

1.《民法典》人格权编给公民带来了什么保护？

人格权是民事主体专属享有的，为实现人身自由和人格尊严，依法支配生命、健康、姓名、名誉、隐私、肖像等人格利益的权利。这种人格利益是民事主体开展财产活动的前提。《民法典》之所以将人格权独立成编，就是要在市场经济条件下，在数字经济大潮高涨的时代背景下，更好地保护民事主体的人格权益，避免《民法典》分则中“见物不见人”的缺漏。该编调整的是因人格权的享有和保护产生的民事关系，同时申明民事主体的人格权受法律保护，任何组织或者个人不得侵害。

2. 什么是人格权？

人格权是民事主体享有的生命权、身体权、健康权、姓名权、名称权、肖像权、名誉权、荣誉权、隐私权等权利。这种社会关系定位于平等主体之间的民事关系，使得《民法典》中规范的人格权有别于其他法律中规定的人格权，民事主体可以借此来防止来自其他民事主体对其人格权的侵害。

人格权的主体并不单指自然人，还有其他的民事主体。《民法典》确认的民事主体主要有自然人、法人和非法人组织。也就是说，除自然人以外，法人和非法人组织也享有人格权，诸如企业的商誉、名称等都属于人格权的重要内容。

3. 什么是人格标识？

人格标识是指与自然人的个人特征相关，包括自然人的声音、肖像、身体形象、姓名等，还包括法人组织的名称。这些人格标识一直伴随着每一位具体民事主体，并且不可分离。为此，《民法典》规定了民事主体的人格权不得放弃、转让或者继承。但随着市场经济的深入，“名人效应”越来越强，这种利用人格标识进行商业盈利的现象已成为普遍现象，《民法典》顺应社会现实需求，规定了民事主体可以将自己的姓名、名称、肖像等许可他人使用，当然这种使用权的许可使用依照法律规定或者根据其性质不得许可的除外。

4. 人格权受到侵害，停止侵害等请求权是否受诉讼时效限制？

受害人在其民事权利受到侵害时，一般应在法定的时效期间内行使权利。当时效期间届满时，债务人、侵权人获得诉讼时效抗辩权。时效制度的设定可以督促权利人及时行使权利，积极维权，避免延宕时间导致证据灭失，造成裁判机关难以查清案件事实，从而无法判断当事人之间的是非。《民法典》总则编规定了一般情况下，当事人向人民法院请求保护民事权利的诉讼时效期间为三年。

对于人格权受到侵害的受害人，依法请求行为人承担民事责任的，也应适用这一时效要求，但是人格权编为加强对受害人的法律保护，同时又规定在维权之诉中，受害人提出停止侵害、排除妨碍、消除危险、消除影响、恢复名誉、赔礼道歉请求权的，则不适用诉讼时效的规定，即鉴于这些人格权请求权属于防御性的请求权，因此对这些请求权立法上没有时效要求。

5. 什么是姓名权？起名可以不用父母的姓氏吗？

自然人享有姓名权，有权依法决定、使用、变更或者许可他人使用自己的姓名，但是不得违背公序良俗。一般情况下，自然人应当随父姓或者母姓，但是有下列情形之一的，可以在父姓和母姓之外选取姓氏：

（1）选取其他直系长辈血亲的姓氏；

（2）因由法定扶养人以外的人扶养而选取扶养人姓氏；

（3）有不违背公序良俗的其他正当理由。

少数民族自然人的姓氏可以遵从本民族的文化传统和风俗习惯。

6. 他人正在或者即将实施侵害自己人格权的行为，该怎么办?

民事主体有证据证明行为人正在实施或者即将实施侵害其人格权的违法行为，不及时制止将使其合法权益受到难以弥补的损害的，有权依法向人民法院申请采取责令行为人停止有关行为的措施。所谓“人格权保护禁令”，即当民事主体的人格权正在遭受或者即将遭受违法侵害，如果不及时制止将使其合法权益受到难以弥补的损害时，民事主体有权依照本条申请法院责令侵权人停止有关违法行为的措施。人格权保护禁令制度将有效遏制实践中大量存在的侵害名誉、隐私等网络侵权行为。

7. 新闻报道时，使用民事主体的姓名、名称、肖像、个人信息等，构成侵权吗?

《民法典》规定，为公共利益实施新闻报道、舆论监督等行为的，可以合理使用民事主体的姓名、名称、肖像、个人信息等；使用不合理侵害民事主体人格权的，应当依法承担民事责任。

出于正常新闻监督的需要，在新闻报道和舆论监督中，对社会事件、公众活动等进行公开报道，媒体从业者和单位可以使用相关人员和单位的肖像、姓名、名称、个人信息等人格权，这种使用应限定在合理使用范围之内。法律对于这种合理使用民事主体人格权的活动，不视为侵犯相关权利人的人格权。《民法典》的规定从人格权的权利人角度看，是出于新闻自由需要法律对其权利的合理限制，而从媒体角度看，则是法律对媒体使用相关主体人格权时提出的合理使用要求。

8.《民法典》对自然人的生命权、身体权、健康权设立了哪些保护制度?

学理上，人格权以其存在的方式可分为物质人格权和精神人格权，物质人格权包括生命权、身体权、健康权三种；精神人格权包括姓名权、隐私权、名誉权、肖像权等。物质人格权是自然人享有其他人格权的前提和保障，因此，在自然人的各项人格权中居于首要地位。《民法典》对自然人的生命权、身体权、健康权规定的主要保护制度体现在以下三个方面：

(1) 人格权编对自然人享有的生命权、身体权和健康权内涵作了明确规定。对于生命权，《民法典》规定自然人的生命安全和生命尊严受法律保护；对于身体权，《民法典》规定自然人的身体完整和行动自由受法律保护；对于健康权，《民法典》规定自然人的身心健康受法律保护。

(2) 人格权编规定了保护自然人生命权、身体权、健康权的义务主体。《民法典》规定，任何组织或者个人不得侵害他人的生命权、身体权、健康权。同时还对侵害生命权、身体权、健康权的典型和社会上普遍关注的侵害现象作了禁止规定，包括禁止以任何形式买卖人体细胞、人体组织、人体器官、遗体；对发生的非法拘禁、性骚扰等情形，明确了被侵害人的救济权等。

（3）《民法典》对法定救助义务人的施救作了规定。当自然人的生命权、身体权、健康权受到侵害或者处于其他危难情形的，负有法定救助义务的组织或者个人应当及时施救。

9. 人体组织和人体器官遗体如何捐赠？

当前我国器官捐献、遗体捐赠正处于稳步发展阶段，不管是登记人数还是实现捐献数例，整体都呈明显的上升趋势。《民法典》第一千零六条和第一千零七条构建了这一制度。

（1）自愿原则。完全民事行为能力人有权依法自主决定无偿捐献其人体细胞、人体组织、人体器官、遗体。任何组织或者个人不得强迫、欺骗、利诱其捐献。

（2）采取法定形式要件的规则。完全民事行为能力人依据前款规定同意捐献的，应当采用书面形式，也可以订立遗嘱。

（3）遗体捐献的规则。自然人生前未表示不同意捐献的，该自然人死亡后，其配偶、成年子女、父母可以共同决定捐献，决定捐献应当采用书面形式。

（4）禁止买卖规则。禁止以任何形式买卖人体细胞、人体组织、人体器官、遗体。违反上述规定的买卖行为无效。

10.《民法典》对人体临床试验受试者的权益保护有哪些？

首先，对于为研制新药、医疗器械或者发展新的预防和治疗方法，需要进行临床试验的，《民法典》规定可以选择受试人参加相关试验。其次，对于这种试验，《民法典》规定在受试之前，有关试验单位应当依法经相关主管部门批准并经伦理委员会审查同意。再次，在选择受试人时，试验单位应向受试者或者受试者的监护人告知试验目的、用途和可能产生的风险等详细情况，并经其书面同意。最后，进行临床试验的，受试应无偿进行，《民法典》规定不得向受试者收取试验费用。

11. 什么是肖像权？

肖像是通过影像、雕塑、绘画等方式在一定载体上所反映的特定自然人可以被识别的外部形象。肖像权是自然人所享有的对自己的肖像上所体现的人格利益为内容的一种人格权。肖像权包括公民有权拥有自己的肖像，拥有对肖像的制作专有权和使用专有权，公民有权禁止他人非法使用自己的肖像权或对肖像权进行损害、玷污。《民法典》规定，未经肖像权人同意，肖像作品权利人不得以发表、复制、发行、出租、展览等方式使用或者公开肖像权人的肖像。

12. 肖像权的合理使用行为有哪些？

《民法典》为加强对自然人肖像权的保护，规定除法律另有规定的外，未经肖像权人同意，不得制作、使用、公开肖像权人的肖像。

同时，《民法典》对可以不经肖像权人同意，合理使用自然人肖像的情形作了以下五种规定：（1）为个人学习、艺术欣赏、课堂教学或者科学研究，在必要范围内使用肖像权人已经公开的肖像；（2）为实施新闻报道，不可避免地制作、使用、公开肖像权人的肖像；（3）为依法履行职责，国家机关在必要范围内制作、使用、公开肖像权人的肖像；（4）为展示特定公共环境，不可避免地制作、使用、公开肖像权人的肖像；（5）为维护公共利益或者肖像权人合法权益，制作、使用、公开肖像权人的肖像的其他行为。

13. 自然人的声音也受法律保护吗？

对自然人声音的保护，参照适用肖像权保护的有关规定。《民法典》对肖像权的保护，主要源自其为可识别的人格标识的特点，自然人的姓名和声音也具有这种特质。为此人格权编规定了姓名许可和声音保护可以参照适用肖像权保护规定："对姓名等的许可使用，参照适用肖像许可使用的有关规定。对自然人声音的保护，参照适用肖像权保护的有关规定。"《民法典》对自然人声音的保护，实际上承认了声音作为一种独立的新型人格权，体现了对肖像权保护的延伸和扩张，对于更好地保护权利人的人格利益具有必要性和现实意义。

14. 名誉权保护制度主要内容有哪些？

《民法典》对名誉权的保护主要体现在以下六个方面：

（1）对名誉加以明确界定，即名誉是对民事主体的品德、声望、才能、信用等的社会评价。

（2）明确民事主体享有名誉权，任何组织或者个人不得以侮辱、诽谤等方式侵害他人的名誉权。

（3）对新闻报道、舆论监督等主体涉及他人名誉的行为规定了合理核实义务。

行为人为公共利益实施新闻报道、舆论监督等行为，影响他人名誉的，不承担民事责任。但不得存在：捏造、歪曲事实；对他人提供的严重失实内容未尽到合理核实义务；使用侮辱性言辞等贬损他人名誉。否则亦应承担责任。

（4）规定了文艺作品侵害名誉权的情况。行为人发表的文学、艺术作品以真人真事或者特定人为描述对象，含有侮辱、诽谤内容，侵害他人名誉权的，受害人有权依法请求该行为人承担民事责任。但行为人发表的文学、艺术作品不以特定人为描述对象，仅其中的情节与该特定人的情况相似的，则不承担民事责任。

（5）对媒体报道内容失实致使侵害名誉权的，规定了权利人的补救措施请求权。民事主体有证据证明报刊、网络等媒体报道的内容失实，侵害其名誉权的，有权请求该媒体及时采取更正或者删除等必要措施。

（6）规定了信用评价查询权、处理请求权及民事主体与信用信息处理者之间关系的法律适用。

对于信用评价，《民法典》规定，民事主体可以依法查询自己的信用评价；发现信用评价不当的，有权提出异议并请求采取更正、删除等必要措施。信用评价人应当及时核查，经核查属实的，应当及时采取必要措施。

15. 什么是隐私权？侵犯隐私权的行为有哪些？

隐私权是指自然人对其私人生活安宁和不愿为他人知晓的私密空间、私密活动、私密信息所享有的人格权利，《民法典》禁止任何组织或者个人以刺探、侵扰、泄露、公开等方式侵害他人的隐私权。

《民法典》规定侵犯隐私权的行为包括六种情形：（1）以电话、短信、即时通信工具、电子邮件、传单等方式侵扰他人的私人生活安宁；（2）进入、拍摄、窥视他人的住宅、宾馆房间等私密空间；（3）拍摄、窥视、窃听、公开他人的私密活动；（4）拍摄、窥视他人身体的私密部位；（5）处理他人的私密信息；（6）以其他方式侵害他人的隐私权。

16. 什么是个人信息？个人信息该如何保护？

个人信息是以电子或者其他方式记录的能够单独或者与其他信息结合识别特定自然人的各种信息，包括自然人的姓名、出生日期、身份证件号码、生物识别信息、住址、电话号码、电子邮箱、健康信息、行踪信息等。

《民法典》规定自然人的个人信息受法律保护。具体有以下几方面内容：

一是处理个人信息应遵循的原则和符合的条件。个人信息的处理是指个人信息的收集、存储、使用、加工、传输、提供、公开等。处理个人信息应当遵循合法、正当、必要原则，不得过度处理。同时处理个人信息应符合下列条件：（1）征得该自然人或者其监护人同意，但是法律、行政法规另有规定的除外；（2）公开处理信息的规则；（3）明示处理信息的目的、方式和范围；（4）不违反法律、行政法规的规定和双方的约定。

二是处理个人信息的免责事由，具体包括：（1）在该自然人或者其监护人同意的范围内合理实施的行为；（2）合理处理该自然人自行公开的或者其他已经合法公开的信息，但是该自然人明确拒绝或者处理该信息侵害其重大利益的除外；(3) 为维护公共利益或者该自然人合法权益，合理实施的其他行为。

三是自然人的查询权、异议权、更正与删除请求权。自然人可以依法向信息处理者查阅或者复制其个人信息；发现信息有错误的，有权提出异议并请求及时采取更正等必要措施。自然人发现信息处理者违反法律、行政法规的规定或者双方的约定处理其个人信息的，有权请求信息处理者及时删除。

四是信息处理者不得泄露、篡改的义务。信息处理者不得泄露或者篡改其收集、存储的个人信息；未经自然人同意，不得向他人非法提供其个人信息，但是经过加工无法识别特定个人且不能复原的除外。

五是相关职能机构及人员的保密义务。国家机关、承担行政职能的法定机构及其工作人员对于履行职责过程中知悉的自然人的隐私和个人信息，应当予以保密，不得泄露或者向他人非法提供。

此外，个人信息中的私密信息，适用有关隐私权的规定；没有规定的，适用有关个人信息保护的规定。

第五编

婚姻家庭

本编概述
BENBIAN GAISHU

家庭是社会的基本细胞，优良家风是中华优秀传统文化的重要组成部分。随着时代变化，婚姻家庭中也呈现出一些新问题，《民法典》在既有原则和价值的基础上，作出了与时俱进的回应。本编采取小总分结构，第一章为本编总则，其分则是按照婚姻家庭顺序排列，并对离婚、收养相关内容作出规定。因此全编共计 5 章，79 条。

新法解读
XINFA JIEDU

本编新增的主要制度包括：

第一，增加了结婚时重大疾病告知义务，从而扩大了可撤销婚姻的法定事由。

第二，修改了禁止结婚的条件，删除原婚姻法中患有医学上认为不应结婚的疾病禁止结婚的规定。

第三，增加了日常家事代理的规定，从而有利于便利交易，保护相对人。

第四，增加了夫妻共同债务的认定规则。

第五，增加了亲子关系确认和否认规则。

第六，增加了离婚“冷静期”的规定。

第七，修改完善了收养条件，如放宽收养条件，修改了单身收养条件，提高了对收养人的要求等。

要点分析
YAODIAN FENXI

本编主要规定有：

1. 结婚条件的规定，包括实质条件与形式条件。

2. 无效婚姻、可撤销婚姻的规定。

3. 夫妻共同财产的认定。

4. 夫妻共同债务的认定。

5. 离婚申请的撤回（“冷静期”）制度。

6. 收养条件的规定，与人口计划生育政策调整相适应，同时强调保护被收养人的利益，一切都要最有利于被收养人。

知识问答
ZHISHI WENDA

1. 婚姻家庭编在《民法典》中有何重要意义？

常言道：“家和万事兴。”个人婚姻家庭关系的和睦与否，与全社会的和谐稳定息息相关。从注重“家风”建设，到加大权益保护力度，《民法典》的出台是我国婚姻家庭立法进程中的重要里程碑。民法典婚姻家庭编针对当前婚姻家庭领域的新情况新问题，对现行婚姻法等规定作出修改和完善，回应了时代需求与民众期盼，为塑造健康和睦的婚姻家庭关系提供了强大的法律保障。

2.《民法典》对婚姻家庭有哪些禁止性规定？

《民法典》中围绕婚姻家庭规定了四个方面的禁止性

行为：

（1）禁止包办、买卖婚姻和其他干涉婚姻自由的行为。

（2）禁止借婚姻索取财物。

（3）禁止重婚，并且禁止有配偶者与他人同居。

（4）禁止家庭暴力，并且禁止家庭成员间的虐待和遗弃。

3. 收养应当遵循的原则有哪些？

收养应当遵循最有利于被收养人的原则，保障被收养人和收养人的合法权益。禁止借收养名义买卖未成年人。

4.《民法典》中的亲属、近亲属和家庭成员有何区别？

在家庭中所处关系的不同，意味着享有权利和应尽义务的不同。《民法典》规定，“亲属”包括配偶、血亲和姻亲。“近亲属”包括配偶、父母、子女、兄弟姐妹、祖父母、外祖父母、孙子女、外孙子女。“家庭成员”则为配偶、父母、子女和其他共同生活的近亲属，接近社会学中的“核心家庭”概念。

5.《民法典》对结婚有哪些规定？

《民法典》中婚姻家庭编对结婚的要求体现在以下方面：

（1）结婚的主体为男女双方。

（2）遵循结婚自愿。结婚应当男女双方完全自愿，禁止任何一方对另一方加以强迫，禁止任何组织或者个人加以干涉。

（3）达到法定婚龄条件。结婚年龄，男不得早于二十二周岁，女不得早于二十周岁。

（4）遵守禁止结婚的限制。直系血亲或者三代以内的旁系血亲禁止结婚。

（5）需办理结婚登记。要求结婚的男女双方应当亲自到婚姻登记机关申请结婚登记。符合本法规定的，予以登记，发给结婚证。完成结婚登记，即确立婚姻关系。未办理结婚登记的，应当补办登记。

6. 无效或者被撤销的婚姻的法律后果是什么？

无效或者被撤销的婚姻自始没有法律约束力，当事人不具有夫妻的权利和义务。同居期间所得的财产，由当事人协议处理；协议不成的，由人民法院根据照顾无过错方的原则判决。对重婚导致的无效婚姻的财产处理，不得侵害合法婚姻当事人的财产权益。当事人所生的子女，适用《民法典》中关于父母子女的规定。婚姻无效或者被撤销的，无过错方有权请求损害赔偿。

7. 哪些情况属于无效婚姻？

违反结婚禁止性规定的，会导致婚姻无效。《民法典》规定，有下列情形之一的，婚姻无效：（1）重婚；（2）有禁止结婚的亲属关系；（3）未到法定婚龄。

8. 什么情况下可以撤销婚姻？

影响结婚一方缔结婚姻真实意思表示的，该方有权请求撤销婚姻。《民法典》规定的可撤销婚姻包括两种情况：（1）因胁迫结婚的，受胁迫的一方有权请求撤销婚姻；（2）一方患有重大疾病的，在结婚登记前不如实告知的，另一方有权请求撤销婚姻。

当事人请求撤销婚姻的，应当向人民法院提出。当事人行使撤销婚姻请求权的期间为一年。具体规定是：受胁迫方应当自胁迫行为终止之日起一年内提出请求撤销婚姻；被非法限制人身自由的，当事人应当自恢复人身自由之日起一年内提出请求撤销婚姻；一方患有重大疾病的，未在结婚登记前如实告知的，另一方应当自知道或者应当知道撤销事由之日起一年内提出请求撤销婚姻。

9. "男主外，女主内"是否意味着家庭当中夫妻双方地位不平等？

有些家庭当中，夫妻双方在生活中的分工会有所不同或侧重，"男主外，女主内"的说法带有一定典型性，但这并不意味着双方的地位不平等。《民法典》规定夫妻在婚姻家庭中地位平等。这既是原则，也是一项重要制度，具体体现在以下方面：

（1）夫妻双方都有各自使用自己姓名的权利。

（2）夫妻都有参加各种活动的自由。夫妻双方都有参加生产、工作、学习和社会活动的自由，一方不得对另一方加以限制或者干涉。

（3）夫妻抚养、教育和保护子女的权利义务平等。夫妻双方平等享有对未成年子女抚养、教育和保护的权利，共同承担对未成年子女抚养、教育和保护的义务。

（4）夫妻有相互扶养的义务。需要扶养的一方，在另一方不履行扶养义务时，有要求其给付扶养费的权利。

（5）夫妻有相互继承遗产的权利。

（6）夫妻对共同财产，有平等的处理权。

10. 如何区分夫妻共同财产和夫妻个人财产？

《民法典》中对夫妻共同财产、夫妻个人财产的区分，采取了双方约定和分别列举的方法加以区分。

夫妻共同财产及个人财产可以由男女双方进行约定。双方得就婚姻关系存续期间所得的财产以及婚前财产作出归各自所有、共同所有或者部分各自所有、部分共同所有的约定。约定应当采用书面形式。夫妻对婚姻关系存续期间所得的财产以及婚前财产的约定，对双方具有法律约束力。没有约定或者约定不明确的，按照《民法典》对两者列举的内容加以区分、确定。

《民法典》规定，在婚姻关系存续期间所得的以下财产属于夫妻的共同财产，应该归夫妻共同所有：

（1）工资、奖金、劳务报酬；

（2）生产、经营、投资的收益；

（3）知识产权的收益；

（4）继承或者受赠的财产，但是遗嘱或者赠与合同中确定只归一方的财产除外；

（5）其他应当归共同所有的财产。

同时，《民法典》还规定了以下财产为夫妻一方的个人财产：

（1）一方的婚前财产；

（2）一方因受到人身损害获得的赔偿或者补偿；

（3）遗嘱或者赠与合同中确定只归一方的财产；

（4）一方专用的生活用品；

（5）其他应当归一方的财产。

11. 如何确定夫妻共同债务？

如何确定夫妻共同债务是实践中争议较大，涉及在保护债权人与夫妻当中另一方利益之间难以平衡的问题。此次《民法典》结合司法解释和实践探索经验对此作了进一步明确。

（1）夫妻双方共同签名或者夫妻一方事后追认等共同意思表示所负的债务，以及夫妻一方在婚姻关系存续期间以个人名义为家庭日常生活需要所负的债务，属于夫妻共同债务。

（2）夫妻一方在婚姻关系存续期间以个人名义超出家庭日常生活需要所负的债务，不属于夫妻共同债务；但是，债权人能够证明该债务用于夫妻共同生活、共同生产经营或者基于夫妻双方共同意思表示的除外。

（3）夫妻对婚姻关系存续期间所得的财产约定归各自所有，夫或者妻一方对外所负的债务，相对人知道该约定的，以夫或者妻一方的个人财产清偿。

12. 在夫妻关系存续期间，可否请求分割夫妻共同财产？

我们知道分割共同财产一般是在离婚时进行，但在婚姻关系存续期间，当发生法定情形时，夫妻一方也可以向人民法院请求分割共同财产。属于法定情形的有以下几种：

（1）一方有隐藏、转移、变卖、毁损、挥霍夫妻共同财产或者伪造夫妻共同债务等严重损害夫妻共同财产利益的行为。

（2）一方负有法定扶养义务的人患重大疾病需要医治，另一方不同意支付相关医疗费用。

13.《民法典》对日常家事代理权有何规定？

日常家事代理权是婚姻家庭法中配偶权的一项重要内容，是指在日常家事的范围内，夫妻双方共同生活互为代理人，代理权限以家庭日常事务为限，任何一方在家庭日常事务范围内的行为对夫妻双方都产生效力。《民法典》明确家事代理权制度有助于解决夫妻共同债务问题。

具体而言，《民法典》中体现的日常家事代理制度内容是，夫妻一方因家庭日常生活需要而实施的民事法律行为，对夫妻双方发生效力，但是夫妻一方与相对人另有约定的除外。夫妻之间对一方可以实施的民事法律行为范围的限制，不得对抗善意相对人，即不知情的相对方。

14.未成年子女对他人造成损害，谁来承担民事责任？

父母对未成年子女的管教和保护既是父母的权利，也是父母的义务。父母没有管教好子女，子女造成他人损害的，父母要承担赔偿责任。《民法典》规定，父母有教育、保护未成年子女的权利和义务。未成年子女造成他人损害的，父母应当依法承担民事责任。

15.父母再婚，儿女有权干涉吗？

法律赋予的婚姻自由权利不仅是结婚自由，还包括离婚的自由。应该尊重男女双方处理婚姻的意愿及保障其权利行使。无论是未成年子女还是成年子女，都不能以自己的利益和要求去干涉父母的婚姻自由。《民法典》第 1069 条规定：“子女应当尊重父母的婚姻权利，不得干涉父母离婚、再婚以及婚后的生活。子女对父母的赡养义务，不因父母的婚姻关系变化而终止。”

16. 非婚生子女与婚生子女是否具有相同的继承权？

在法律层面，非婚生子女与婚生子拥有的权利是一样的，非婚生子女同样也享有继承权。我国《民法典》规定，非婚生子女享有与婚生子女同等的权利，任何组织或者个人不得加以危害和歧视。如果生父或生母不直接抚养非婚生子女的，应当负担未成年子女或者不能独立生活的成年子女的抚养费。

17. 夫妻双方自愿离婚的，还需要“冷静期”吗？

夫妻双方自愿离婚的，可以办理离婚登记，一般称为协议离婚。协议离婚的具体要求是：

（1）夫妻双方应当签订书面离婚协议，并亲自到婚姻登记机关申请离婚登记。离婚协议应当载明双方自愿离婚的意思表示和对子女抚养、财产以及债务处理等事项协商一致的意见。

（2）自婚姻登记机关收到离婚登记申请之日起三十日内，任何一方不愿意离婚的，可以向婚姻登记机关撤回离婚登记申请。该期限届满后三十日内，双方应当亲自到婚姻登记机关申请发给离婚证；未申请的，视为撤回离婚登记申请。

（3）婚姻登记机关查明双方确实是自愿离婚，并已经对子女抚养、财产以及债务处理等事项协商一致的，予以登记，发给离婚证。完成离婚登记，即解除婚姻关系。

其中第2项中有两个三十日的期限，第一个三十日的期限称为“冷静期”。设立离婚冷静期的初衷是让当事人经过慎重考虑后行使自己的离婚权利，其目的是避免盲目离婚为家庭和社会带来的不利影响。

18. 夫妻一方要求离婚的该如何办理？

《民法典》规定，夫妻一方要求离婚的，可以由有关组织进行调解或者直接向人民法院提起离婚诉讼。其中由有关组织来调解，结果有三种情况：（1）双方重归于好，保持婚姻关系不变；（2）双方就离婚达成共识，可以通过协议离婚的方式来办理离婚；（3）调解无果，这样不能再继续调解，在此情况下，一方可以到人民法院进行诉讼离婚，这种情况称为离婚诉讼。人民法院的离婚判决书、调解书生效，即解除婚姻关系。

诉讼离婚时人民法院准予离婚的情况主要有：

第一，人民法院审理离婚案件，应当进行调解；如果感情确已破裂，调解无效的，应当准予离婚。其中调解无效应当准予离婚的情形有：（1）重婚或者与他人同居；（2）实施家庭暴力或者虐待、遗弃家庭成员；（3）有赌博、吸毒等恶习屡教不改；（4）因感情不和分居满二年；（5）其他导致夫妻感情破裂的情形。

第二，一方起诉离婚，应当准予离婚的其他情况包括：（1）一方被宣告失踪，另一方提起离婚诉讼的；（2）经人民法院判决不准离婚后，双方又分居满一年，一方再次提起离婚诉讼的。

19.《民法典》对特殊群体的离婚有哪些要求？

《民法典》承袭婚姻法的做法，对特殊群体离婚问题进行特殊调解，体现法律对特殊群体婚姻利益的保护，主要包括两种情况：

（1）现役军人的配偶要求离婚，应当征得军人同意，但是军人一方有重大过错的除外。

（2）女方在怀孕期间、分娩后一年内或者终止妊娠后六个月内，男方不得提出离婚；但是，女方提出离婚或者人民法院认为确有必要受理男方离婚请求的除外。

20. 父母离婚后，未成年子女的合法权益如何保护？

为防止离婚对未成年子女成长造成伤害，《民法典》对未成年子女的抚养问题作了制度性保护规定：

（1）离婚不影响父母对子女的权利义务。《民法典》明确父母与子女间的关系，不因父母离婚而消除。离婚后，子女无论由父或者母直接抚养，仍是父母双方的子女。离婚后，父母对于子女仍有抚养、教育、保护的权利和义务。

（2）直接抚养人的确定原则。离婚后，不满两周岁的子女，以由母亲直接抚养为原则。已满两周岁的子女，父母双方对抚养问题协议不成的，由人民法院根据双方的具体情况，按照最有利于未成年子女的原则判决。子女已满八周岁的，应当尊重其真实意愿。

（3）不直接抚养方负担抚养费的确定及增加。离婚后，子女由一方直接抚养的，另一方应当负担部分或者全部抚养费。负担费用的多少和期限的长短，由双方协议；协议不成的，由人民法院判决。此种协议或者判决，不妨碍子女在必要时向父母任何一方提出超过协议或者判决原定数额的合理要求。

（4）探望权及其中止。离婚后，不直接抚养子女的父或者母，有探望子女的权利，另一方有协助的义务。行使探望权利的方式、时间由当事人协议；协议不成的，由人民法院判决。

父或者母探望子女，不利于子女身心健康的，由人民法院依法中止探望；中止的事由消失后，应当恢复探望。

21. 离婚时，夫妻的共同财产和共同债务应如何处理？

离婚时，夫妻的共同财产与共同债务首先应由双方协议处理，协议不成的，由人民法院判决。

离婚时，夫妻共同债务应当共同偿还，共同财产不足清偿或者财产归各自所有的，由双方协议清偿；协议不成的，由人民法院判决。

人民法院对夫妻共同财产作出判决时应遵循照顾子女、女方和无过错方权益的原则，需要具体考虑的因素主要包括：

（1）对夫或者妻在家庭土地承包经营中享有的权益等，应当依法予以保护。

（2）夫妻一方因抚育子女、照料老年人、协助另一方工作等负担较多义务的，离婚时有权向另一方请求补偿。

（3）离婚时，如果一方生活困难，有负担能力的另一方应当给予适当帮助。

（4）因法定破坏婚姻情形导致离婚的，无过错方有权请求损害赔偿。

此外，夫妻一方隐藏、转移、变卖、毁损、挥霍夫妻共同财产，或者伪造夫妻共同债务企图侵占另一方财产的，在离婚分割夫妻共同财产时，对该方可以少分或者不分。离婚后，另一方发现有前述行为的，可以向人民法院提起诉讼，请求再次分割夫妻共同财产。

22.《民法典》规定的送养人范围有哪些？

《民法典》规定可以作送养人的个人、组织有：（1）孤儿的监护人；（2）儿童福利机构；（3）有特殊困难无力抚养子女的生父母。

此外，未成年人的父母均不具备完全民事行为能力且可能严重危害该未成年人的，该未成年人的监护人可以将其送养。

23. 什么情况下生父母可以送养子女？

首先，生父母送养子女的应符合送养人的条件要求，即有特殊困难无力抚养子女。其次，生父母应当双方共同送养，如生父母一方不明或者查找不到的，才可以单方送养。最后，收养三代以内旁系同辈血亲的子女，生父母送养可以不受有特殊困难无力抚养子女的条件限制。

除此之外，继父或者继母收养继子女的，须经继子女的生父母同意，此时生父母也不受有特殊困难无力抚养子女的条件限制。

24. 收养人一般应当具备什么条件？

《民法典》规定，一般情况下收养人应当同时具备以下条件：（1）无子女或者只有一名子女；（2）有抚养、教育和保护被收养人的能力；（3）未患有在医学上认为不应当收养子女的疾病；（4）无不利于被收养人健康成长的违法犯罪记录；（5）年满30周岁。

无子女的收养人可以收养两名子女；有子女的收养人只能收养一名子女。收养孤儿、残疾未成年人或者儿童福利机构抚养的查找不到生父母的未成年人，收养人一方面可以不受其本身无子女或者只有一名子女的条件限制，另一方面也不受收养子女人数的限制。

25.《民法典》对于外国人在我国收养子女有哪些主要规定？

《民法典》规定，外国人依法可以在中华人民共和国收养子女。外国人在中华人民共和国收养子女，应当经其所在国主管机关依照该国法律审查同意。收养人应当提供由其所在国有权机构出具的有关其年龄、婚姻、职业、财产、健康、有无受过刑事处罚等状况的证明材料，并与送养人签订书面协议，亲自向省、自治区、直辖市人民政府民政部门登记。前述证明材料应当经收养人所在国外交机关或者外交机关授权的机构认证，并经中华人民共和国驻该国使领馆认证，但是国家另有规定的除外。

26.《民法典》规定的收养关系解除制度包括哪些内容?

首先,《民法典》将解除收养关系按原因不同划分为三种情况,并分别规定了解除的方式。。

(1)收养人、送养人双方协议解除。一般情况下,收养人在被收养人成年以前,不得解除收养关系,但是收养人、送养人双方协议解除的除外。养子女八周岁以上的,应当征得本人同意。

(2)送养人要求解除。收养人不履行抚养义务,有虐待、遗弃等侵害未成年养子女合法权益行为的,送养人有权要求解除养父母与养子女间的收养关系。送养人、收养人不能达成解除收养关系协议的,可以向人民法院提起诉讼。

(3)养父母与成年养子女之间解除。养父母与成年养子女关系恶化、无法共同生活的,可以协议解除收养关系。不能达成协议的,可以向人民法院提起诉讼。

当事人协议解除收养关系的,应当到民政部门办理解除收养关系登记。

其次,《民法典》规定了解除收养关系后的身份效力问题。收养关系解除后,养子女与养父母以及其他近亲属间的权利义务关系自行消除,与生父母以及其他近亲属间的权利义务关系自行恢复。但是,成年养子女与生父母以及其他近亲属间的权利义务关系是否恢复,可以协商确定。

最后,《民法典》规定了解除收养关系后的财产后果:收养关系解除后，经养父母抚养的成年养子女，对缺乏劳动能力又缺乏生活来源的养父母，应当给付生活费。因养子女成年后虐待、遗弃养父母而解除收养关系的，养父母可以要求养子女补偿收养期间支出的抚养费。

生父母要求解除收养关系的，养父母可以要求生父母适当补偿收养期间支出的抚养费；但是，因养父母虐待、遗弃养子女而解除收养关系的除外。

第六编

继　承

本编概述

BENBIAN GAISHU

随着经济发展、社会财富增加、人民生活水平日益提高，财产如何在生老病死间流转，成为社会关注的焦点问题。继承编结合域外法律，在回应新时代社会要求，满足社会期望方面作了新的和有益的探索。本编结构仍然沿袭前面各编的体例，采取小总分结构构建。虽然本编为《民法典》各编中条文数量最少的一编，但其社会关注度远远超过其条文数字代表的容量。

新法解读

XINFA JIEDU

本编新增的内容主要有：

第一，扩大了遗产范围，仅规定依照法律规定或者根据其性质不得继承的遗产，不得继承。未限定遗产范围。

第二，增设了被继承人对继承人"不孝"行为的宽宥制度。

第三，增加了遗嘱的形式，由原来五种形式增加到七种形式。

第四，扩大了代位继承的适用范围。代位继承人由原来被继承人的直系晚辈血亲扩大到被继承人的兄弟姐妹的子女。

第五，明确放弃继承应当以书面形式实施。

第六，明确了归国家所有的遗产的用途，明确无人继承又无人受遗赠的遗产，归国家所有，用于公益事业。

第七，增加了自然人可以依法设立遗嘱信托的规定。

第八，增设了遗产管理人制度，规定了遗产管理人的确定、职责和责任。

第九，删除了原继承法中公证遗嘱效力优先的规定。

要点分析
YAODIAN FENXI

本编要点包括下列知识点：

1. 继承人的范围和顺序。

2. 代位继承和转继承。

3. 遗嘱的有效要件：包括实质要件和形式要件。实质要件包括立遗嘱人具有完全民事行为能力、意思表示真实、内容合法。形式要件要求遗嘱的形式必须符合法律要求。

4. 被继承人债务的清偿：一方面，继承人有义务偿还被继承人生前所负债务；另一方面，继承人的清偿责任又是有限度的，以继承人所得遗产实际价值为限。

5. 遗赠扶养协议的规定。其中的扶养人只能是继承人之外的人，不能是继承人。

6. 法定继承的适用范围以及丧失继承权的法定事由。

知识问答
ZHISHI WENDA

1. 法定继承和遗嘱继承的顺序是怎样的?

继承开始后，有遗嘱的，按照遗嘱继承或者遗赠办理；有遗赠扶养协议的，按照协议办理；既无遗嘱也无遗赠扶养协议的，按照法定继承办理。

法定继承人的范围及继承顺序是：（1）第一顺序：配偶、子女、父母；（2）第二顺序：兄弟姐妹、祖父母、外祖父母。继承开始后，由第一顺序继承人继承，第二顺序继承人不继承；没有第一顺序继承人继承的，由第二顺序继承人继承。

2. 因虐待父母丧失继承权，悔过后还能不能恢复继承权?

《民法典》规定继承人有下列行为之一的，丧失继承权：（1）故意杀害被继承人；（2）为争夺遗产而杀害其他继承人；（3）遗弃被继承人，或者虐待被继承人情节严重；（4）伪造、篡改、隐匿或者销毁遗嘱，情节严重；（5）以欺诈、胁迫手段迫使或者妨碍被继承人设立、变更或者撤回遗嘱，情节严重。

继承人有前面列举的第三项至第五项行为，确有悔改表现，被继承人表示宽恕或者事后在遗嘱中将其列为继承人的，该继承人不丧失继承权。此外，受遗赠人具有丧失继承权行为的，丧失其受遗赠权。

3. 遗产继承可以不均等分配财产的情况有哪些?

“弱者多分、能者多得”涉及的遗产份额分配不均等的情况，分配遗产份额时同一顺序继承人继承遗产的份额，一般应当均等，但《民法典》规定：“对生活有特殊困难又缺乏劳动能力的继承人，分配遗产时，应当予以照顾。对被继承人尽了主要扶养义务或者与被继承人共同生活的继承人，分配遗产时，可以多分。有扶养能力和有扶养条件的继承人，不尽扶养义务的，分配遗产时，应当不分或者少分。”

此外法定继承中，继承人协商同意的，也可以不均等。

4. 公证遗嘱是否具有最高法律效力?

遗嘱继承是继承的重要方式，相较法定继承而言，被继承人有遗嘱的，应按遗嘱来进行继承。遗嘱形式包括以下类型：

（1）自书遗嘱。自书遗嘱由遗嘱人亲笔书写，签名，注明年、月、日。

（2）代书遗嘱。代书遗嘱应当有两个以上见证人在场见证，由其中一人代书，并由遗嘱人、代书人和其他见证人签名，注明年、月、日。

（3）打印遗嘱。打印遗嘱应当有两个以上见证人在场见证。遗嘱人和见证人应当在遗嘱每一页签名，注明年、月、日。

（4）音像遗嘱。以录音录像形式立的遗嘱，应当有两个以上见证人在场见证。遗嘱人和见证人应当在录音录像中记录其姓名或者肖像，以及年、月、日。

（5）口头遗嘱。遗嘱人在危急情况下，可以立口头遗嘱。口头遗嘱应当有两个以上见证人在场见证。危急情况消除后，遗嘱人能够以书面或者录音录像形式立遗嘱的，所立的口头遗嘱无效。

（6）公证遗嘱。公证遗嘱由遗嘱人经公证机构办理。

通过这些遗嘱类型的规定，立法最大限度上满足了各人群的需求，以尊重立遗嘱人的意愿，减少继承中的纠纷。遗嘱人可以撤回、变更自己所立的遗嘱。立有数份遗嘱，内容相抵触的，以最后的遗嘱为准。因此，按照《民法典》规定，公证遗嘱效力最高的说法是不成立的。

5. 哪些人不能作为遗嘱见证人?

《民法典》通过规定不能作为遗嘱见证人的具体情况，对遗嘱见证人资格作了必要限制。根据《民法典》的规定，下列人员不能作为遗嘱见证人：（1）无民事行为能力人、限制民事行为能力人以及其他不具有见证能力的人；（2）继承人、受遗赠人；（3）与继承人、受遗赠人有利害关系的人。

6. 法律对遗嘱效力是如何规定的?

（1）有效遗嘱的效力问题。遗嘱人可以撤回、变更自己所立的遗嘱。立遗嘱后，遗嘱人实施与遗嘱内容相反的民事法律行为的，视为对遗嘱相关内容的撤回。立有数份遗嘱，内容相抵触的，以最后的遗嘱为准。

（2）遗嘱无效的三种情形：①无民事行为能力人或者限制民事行为能力人所立的遗嘱无效。②遗嘱必须表示遗嘱人的真实意思，受欺诈、胁迫所立的遗嘱无效。③伪造的遗嘱无效。

此外，对于遗嘱被篡改的，篡改的内容无效。

7. 哪些人可以担任遗产管理人？遗产管理人的职责有哪些？

如果遗嘱中指定遗嘱执行人的，继承开始后，遗嘱执行人为遗产管理人；没有遗嘱执行人的，继承人应当及时推选遗产管理人；继承人未推选的，由继承人共同担任遗产管理人；没有继承人或者继承人均放弃继承的，由被继承人生前住所地的民政部门或者村民委员会担任遗产管理人。

遗产管理人的确定有争议的，利害关系人可以向人民法院申请指定遗产管理人。遗产管理人应当履行下列职责：（1）清理遗产并制作遗产清单；（2）向继承人报告遗产情况；（3）采取必要措施防止遗产毁损、灭失；（4）处理被继承人的债权债务；（5）按照遗嘱或者依照法律规定分割遗产；（6）实施与管理遗产有关的其他必要行为。

8. 侄子（女）有代位继承权吗？

代位继承是指被继承人的子女先于被继承人死亡的，由被继承人的子女的直系晚辈血亲代位继承。代位继承人一般只能继承被代位继承人有权继承的遗产份额。以往的规定使代位继承限制在直系晚辈血亲。

《民法典》规定“被继承人的兄弟姐妹先于被继承人死亡的，由被继承人的兄弟姐妹的子女代位继承”。这一规定使侄子（女）、外甥（女）也有代位继承权。尽管这些人不属于《民法典》规定的近亲属，但也属于较近的亲属，由这些人来继承遗产，符合遗产尽量留在家族或大家庭范围内的民间愿望。

9. 转继承与代位继承有何不同？

转继承的情况是指，继承开始后，继承人于遗产分割前死亡，并没有放弃继承的，该继承人应当继承的遗产转给其继承人，但是遗嘱另有安排的除外。与代位继承相比，转继承中的继承人死亡出现在被继承人死亡之后，并且不限于法定继承。代位继承中的继承人则是先于被继承人死亡，并且仅限于法定继承，遗嘱继承不适用代位继承。

10. 遗嘱必须为谁留出必要的份额？

根据《民法典》规定，三种情况下需要在遗产中留出必要的份额。

（1）遗嘱应当为缺乏劳动能力又没有生活来源的继承人保留必要的遗产份额。

（2）遗产分割时，应当保留胎儿的继承份额。胎儿娩出时是死体的，保留的份额按照法定继承办理。

（3）分割遗产，应当清偿被继承人依法应当缴纳的税款和债务；但是，应当为缺乏劳动能力又没有生活来源的继承人保留必要的遗产。

11. 被继承人应缴纳的税款和应清偿的债务如何处理？

如果既有法定继承又有遗嘱继承、遗赠的，由法定继承人清偿被继承人依法应当缴纳的税款和债务；超过法定继承遗产实际价值部分，由遗嘱继承人和受遗赠人按比例以所得遗产清偿。

继承人以所得遗产实际价值为限清偿被继承人依法应当缴纳的税款和债务。超过遗产实际价值部分，继承人自愿偿还的不在此限。

继承人放弃继承的，对被继承人依法应当缴纳的税款和债务可以不负清偿责任。执行遗赠不得妨碍清偿遗赠人依法应当缴纳的税款和债务。

第七编

侵权责任

本编概述

BENBIAN GAISHU

第七编侵权责任是《民法典》中最后一编，大体上也是总分结构，共计 10 章 95 条。如果说前几编重在规定民事主体享有民事权利类型与具体内容的话，侵权责任编则重在规定民事权利受到侵害的救济，所谓无救济无权利，可见该编在《民法典》中的独特地位。

新法解读

XINFA JIEDU

本编新增内容主要有：

第一，限制了公平责任原则的适用范围。

第二，完善了委托监护情形下的侵权责任。

第三，完善了预防高空抛物的规则及高空抛物的侵权责任。

第四，新增了“自甘风险”规则并新增了“自助行为”规则。

第五，完善了网络侵权规则，主要是增加了反通知规则。

第六，新增了侵害知识产权的惩罚性赔偿制度。

第七，新增了污染环境和破坏生态的惩罚性赔偿制度。

第八，新增了生态环境修复责任。

要点分析 YAODIAN FENXI

本编要点主要包括：

1. 一般侵权责任的构成要件：行为、损害、因果关系、过错。

2. 侵权责任的归责原则：过错原则与无过错原则。

3. 被监护人致人损害的侵权责任：被监护人致人损害，由监护人承担责任。

4. 用人单位的侵权责任：员工职务行为致人损害的，由用人单位承担侵权责任，劳务派遣中是由用工单位承担侵权责任。

5. 产品责任：产品缺陷致使他人受损的，被侵权人可以向生产者、销售者进行索赔。

6. 机动车交通事故责任：对交通事故责任承担主体赔偿顺序等范围的规定。

7. 医疗损害责任：医疗机构致损责任、医疗用品责任。

8. 饲养动物损害责任：动物致损由动物饲养人或管理人承担侵权责任。

知识问答 ZHISHI WENDA

1. 如何理解侵权责任归责原则？

侵权责任归责原则是指判断行为致人损害者该不该承担责

任及责任大小的标准尺度。归责原则之所以重要，是因为它决定了侵权责任的构成要件、举证责任负担和免责事由等重要事项。

《民法典》侵权责任编在一般规定里开宗明义地规定了归责原则，即过错责任规则和无过错责任原则。

过错责任规则：行为人因过错侵害他人民事权益造成损害的，应当承担侵权责任。过错责任原则中还规定了过错推定的情况，依照法律规定推定行为人有过错，其不能证明自己没有过错的，应当承担侵权责任。

无过错责任原则：行为人造成他人民事权益损害，不论行为人有无过错，法律规定应当承担侵权责任的，依照其规定。

过错责任原则是基本的、传统的归责原则，它判断行为人是否应当承担责任以及责任大小的衡量尺度，以行为人的过错为标准，无过错不承担责任，责任大小与行为人的过错相对应匹配。无过错原则是工业社会下对过错原则的发展，《民法典》规定，只有在法律有规定的情况下，才适用无过错责任原则。比如对于工伤，我们实行的就是无过错原则，这样可以更好地保护劳动者权益。

2. 如何理解《民法典》规定的“自甘风险”问题？

《民法典》规定，自愿参加具有一定风险的文体活动，因其他参加者的行为受到损害的，在其他参加者对损害的发生有故意或者重大过失时，受害人不得请求其他参加者承担侵权责任。这个规定，我们一般称之为“自甘风险”或者“自甘冒险”。

首先，这个规定的对象是文体活动，其他比如整容或者试驾等没有包括其中。其次，其他参加者对损害的发生有故意或者重大过失的，不能免责。最后，对活动组织者的责任要按照《民法典》有关经营者、管理者、组织者的责任规定来确定。

3. 如何理解《民法典》规定的“自助行为”？

所谓“自助行为”亦称“自救行为”，是指为更好保护民事主体的合法权益不受侵害，避免造成无法挽回的损失，法律允许权利被侵害的人，凭借自己的力量来恢复权利的行为。

《民法典》规定了进行自助的适用条件、范围限制、措施方式、措施不当的责任等。具体要求是，当合法权益受到侵害，情况紧迫且不能及时获得国家机关保护，不立即采取措施将使其合法权益受到难以弥补的损害的，受害人可以在保护自己合法权益的必要范围内采取扣留侵权人的财物等合理措施。同时还要求自助人在采取自助措施时，应当立即请求有关国家机关处理。

为防止受害人滥用权利，《民法典》规定，受害人采取的措施不当造成他人损害的，应当承担侵权责任。

4. 损害赔偿范围包括哪些内容？

根据《民法典》规定，损害赔偿主要包括以下四个方面：

（1）侵害他人造成人身损害的，应当赔偿医疗费、护理费、交通费、营养费、住院伙食补助费等为治疗和康复支出的合理费用，以及因误工减少的收入。造成残疾的，还应当赔偿辅助器具费和残疾赔偿金；造成死亡的，还应当赔偿丧葬费和死亡赔偿金。因同一侵权行为造成多人死亡的，可以以相同数额确定死亡赔偿金。

（2）侵害他人人身权益造成财产损失的，按照被侵权人因此受到的损失或者侵权人因此获得的利益赔偿；被侵权人因此受到的损失以及侵权人因此获得的利益难以确定，被侵权人和侵权人就赔偿数额协商不一致，向人民法院提起诉讼的，由人民法院根据实际情况确定赔偿数额。

（3）侵害自然人人身权益造成严重精神损害的，被侵权人有权请求精神损害赔偿。因故意或者重大过失侵害自然人具有人身意义的特定物造成严重精神损害的，被侵权人有权请求精神损害赔偿。

（4）故意侵害他人知识产权，情节严重的，被侵权人有权请求相应的惩罚性赔偿。

5.《民法典》对公平责任原则的适用有何限制？

首先，《民法典》对公平原则作了规定，受害人和行为人对损害的发生都没有过错的，依照法律的规定由双方分担损失。其次，此次规定明确了人民法院适用该原则的条件，即只能依照法律的规定来加以适用，换言之，对于法律没有规定可以适用公平原则的，则人民法院不能加以适用该原则。这样的限制可以避免公平原则的过度适用或滥用。

6.《民法典》对“雇主转承责任”有何规定？

“雇主转承责任”理论上是指雇员因履行职务行为时，造成第三人损害的，由其雇主承担赔偿责任。《民法典》对此规定了两种情况。

（1）用人单位的工作人员因执行工作任务造成他人损害的，由用人单位承担侵权责任。用人单位承担侵权责任后，可以向有故意或者重大过失的工作人员追偿。

（2）劳务派遣期间，被派遣的工作人员因执行工作任务造成他人损害的，由接受劳务派遣的用工单位承担侵权责任；劳务派遣单位有过错的，承担相应的责任。

7. 买到缺陷产品，召回费用谁来“埋单”？

民法典规定，因产品存在缺陷造成他人损害的，生产者应当承担侵权责任。产品投入流通后发现存在缺陷的，生产者、销售者应当及时采取停止销售、警示、召回等补救措施；未及时采取补救措施或者补救措施不力造成损害扩大的，对扩大的损害也应当承担侵权责任。依据前款规定采取召回措施的，生产者、销售者应当负担被侵权人因此支出的必要费用。《民法典》对交通事故责任承担主体赔偿顺序是怎么规定的？

机动车发生交通事故造成损害，属于该机动车一方责任的，先由承保机动车强制保险的保险人在强制保险责任限额范围内予以赔偿；不足部分，由承保机动车商业保险的保险人按照保险合同的约定予以赔偿；仍然不足或者没有投保机动车商业保险的，由侵权人赔偿。

8. 交通肇事逃逸受害者该如何理赔？

机动车驾驶人发生交通事故后逃逸，该机动车参加强制保险的，由保险人在机动车强制保险责任限额范围内予以赔偿；

机动车不明、该机动车未参加强制保险或者抢救费用超过机动车强制保险责任限额，需要支付被侵权人人身伤亡的抢救、丧葬等费用的，由道路交通事故社会救助基金垫付。道路交通事故社会救助基金垫付后，其管理机构有权向交通事故责任人追偿。

9. 好意帮忙载人，出事故了谁来担责？

驾驶人在未收取乘车人任何费用的情况下，允许乘车人搭乘其驾驶的机动车，其行为符合社会道德和绿色出行理念，应受到鼓励和支持。发生交通事故后，根据公平原则，应减轻驾驶人的赔偿责任，《民法典》对此予以了明确。《民法典》规定，非营运机动车发生交通事故造成无偿搭乘人损害，属于该机动车一方责任的，应当减轻其赔偿责任，但是机动车使用人有故意或者重大过失的除外。

10. 医疗损害侵权责任由谁承担？

（1）患者在诊疗活动中受到损害，医疗机构或者其医务人员有过错的，由医疗机构承担赔偿责任。

（2）医务人员在诊疗活动中未尽到与当时的医疗水平相应的诊疗义务，造成患者损害的，医疗机构应当承担赔偿责任。

（3）因药品、消毒产品、医疗器械的缺陷，或者输入不合格的血液造成患者损害的，患者可以向药品上市许可持有人、生产者、血液提供机构请求赔偿，也可以向医疗机构请求赔偿。

11. 医务人员在诊疗时需要履行什么义务?

（1）医务人员在诊疗活动中应当向患者说明病情和医疗措施。需要实施手术、特殊检查、特殊治疗的，医务人员应当及时向患者具体说明医疗风险、替代医疗方案等情况，并取得其明确同意；不能或者不宜向患者说明的，应当向患者的近亲属说明，并取得其明确同意。医务人员未尽到上述义务，造成患者损害的，医疗机构应当承担赔偿责任。

（2）医疗机构及其医务人员应当对患者的隐私和个人信息保密。泄露患者的隐私和个人信息，或者未经患者同意公开其病历资料的，应当承担侵权责任。

12. 哪些情况下可以推定医疗机构有过错?

《民法典》规定，患者在诊疗活动中受到损害，推定医疗机构有过错的情形包括：

（1）违反法律、行政法规、规章以及其他有关诊疗规范的规定；

（2）隐匿或者拒绝提供与纠纷有关的病历资料；

（3）遗失、伪造、篡改或者违法销毁病历资料。

13. 饲养的动物致人受伤如何赔偿?

饲养的动物造成他人损害的，动物饲养人或者管理人应当承担侵权责任；但是，能够证明损害是因被侵权人故意或者重大过失造成的，可以不承担或者减轻责任。遗弃、逃逸的动物在遗弃、逃逸期间造成他人损害的，由动物原饲养人或者管理人承担侵权责任。

14. 高空抛掷物、坠落物伤人，应承担什么责任？

从建筑物中抛掷物品或者从建筑物上坠落的物品造成他人损害的，由侵权人依法承担侵权责任；经调查难以确定具体侵权人的，能够证明自己不是侵权人的除外，由可能加害的建筑物使用人给予补偿。可能加害的建筑物使用人补偿后，有权向侵权人追偿。

物业公司等建筑物管理人应当采取必要的安全保障措施防止高空抛物或坠物伤人事件发生；未采取必要的安全保障措施的，应当依法承担未履行安全保障义务的侵权责任。

此外，公安等机关应当依法及时调查，查清责任人。

附录

综合试卷（A 卷）

一、单项选择题（共 20 题，每题 2 分，共 40 分）

1. 民法的基本原则不包括（　　）。

A. 平等原则

B. 诚实信用原则

C. 公序良俗原则

D. 和平共处原则

2. 下列关系中，属于民法调整的社会关系的是（　　）。

A. 商品房买卖关系

B. 财政税收关系

C. 企业管理关系

D. 恋人关系

3. 对监护人的确定有争议的，有权指定监护人的组织不包括（　　）。

A. 被监护人住所地的居民委员会

B. 被监护人住所地的村民委员会

C. 被监护人住所地的民政部门

D. 被监护人本人或者其父母所在单位

4. 自然人下落不明满（　　）的，利害关系人可以向人民法院申请宣告该自然人死亡。

A. 一年

B. 二年

C. 三年

D. 四年

5. 非营利法人不包括（　　）。

A. 事业单位法人

B. 社会团体法人

C. 捐助法人

D. 股份有限公司

6. 为了公共利益的需要，依照法律规定的权限和程序征收、征用不动产或者动产的，应当给予（　　）。

A. 公平、合理的补偿

B. 充分的补偿

C. 完全赔偿

D. 有限度的赔偿

7. 重大误解的当事人自知道或者应当知道撤销事由之日起（　　）内没有行使撤销权的，撤销权消灭。

A. 60 日

B. 90 日

C. 6 个月

D. 1 年

8. 代理人和相对人恶意串通，损害被代理人合法权益的，代理人和相对人应当承担（　　）。

A. 按份责任

B. 连带责任

C. 行政责任

D. 公平责任

9. 无民事行为能力人对其法定代理人的请求权的诉讼时效期间，自（　　）之日起计算。

A. 该自然人取得限制民事行为能力

B. 该自然人委托他人代理

C. 该法定代理终止

D. 该法定代理人实施侵权行为

10. 根据《民法典》的规定，不动产登记，由（　　）的登记机构办理。

A. 权利人所在地

B. 不动产所在地

C. 权利人户口所在地

D. 权利人经常居住地

11. 因（　　）等紧急需要，依照法律规定的权限和程序可以征用组织、个人的不动产或者动产。

A. 抢险救灾、疫情防控

B. 抢险救灾、公共卫生

C. 疫情防控、国家安全

D. 抢险救灾、国家安全

12. 法律、法规对处理相邻关系有规定的，依照其规定；法律、法规没有规定的，可以按照（　　）。

A. 当地习惯

B. 村规民约

C. 管理规约

D. 国家政策

13. 下列权利中，属于用益物权的是（　　）。

A. 抵押权

B. 质权

C. 留置权

D. 居住权

14. 以（　　）设定抵押的，抵押权自登记时设立。

A. 机器设备

B. 房屋

C. 船舶

D. 机动车

15. 甲借给乙 2000 元，到期后甲对乙表示这笔钱不用还了，就当是送给乙的结婚礼金。甲和乙之间债务消灭的原因是（　　）。

A. 提存

B. 赠与

C. 抵销

D. 免除

16. 通过互联网等信息网络订立的电子合同的标的为交付商品并采用快递物流方式交付的，（　　）为交付时间。

A. 卖方将商品交给物流公司时

B. 物流公司发货时

C. 收货人接到通知时

D. 收货人的签收时间

17. 定金的数额由当事人约定；但是，不得超过主合同标的额的（　　），超过部分不产生定金的效力。

A. 百分之二十

B. 百分之三十

C. 百分之四十

D. 百分之五十

18. 出租人根据承租人对出卖人、租赁物的选择，向出卖人购买租赁物，提供给承租人使用，承租人支付租金的合同是（　　）。

A. 融资租赁合同

B. 买卖合同

C. 租赁合同

D. 委托合同

19. 下列财产中，不属于夫妻一方个人财产的是（　　）。

A. 一方的婚前财产

B. 一方专用的生活用品

C. 夫妻在婚姻关系存续期间所得的知识产权的收益

D. 一方因受到人身损害获得的赔偿或者补偿

20. 在公共场所修缮安装地下设施等造成他人损害，施工人不能证明（　　）的，应当承担侵权责任。

A. 损害系受害人故意所致

B. 损害系受害人过失所致

C. 自己没有过错

D. 已经设置明显标志和采取安全措施

二、判断题（共 10 题，每题 2 分，共 20 分）

1. 民法调整的是平等主体的自然人、法人和非法人组织之间的人身关系和财产关系。(　　)

2. 根据《民法典》的规定，监护人除为维护被监护人利益外，不得处分被监护人的财产。(　　)

3. 营利法人包括有限责任公司、股份有限公司和事业单位法人等。(　　)

4. 民事法律行为限于合法行为。(　　)

5.《民法典》规定，住宅建设用地使用权期限届满的，自动续期。续期费用的缴纳或者减免，依照法律、行政法规的规定办理。(　　)

6. 要约原则上是可以撤销的，但受要约人有理由认为要约是不可撤销的，并已经为履行合同做了合理准备工作的，要约不可撤销。(　　)

7. 当事人互负债务，标的物种类、品质不相同的，不可以抵销。(　　)

8. 当事人迟延履行后发生不可抗力的，不免除其违约责任。(　　)

9. 根据《民法典》的规定，借款的利息不得预先在本金中扣除。利息预先在本金中扣除的，应当按照实际借款数额返还借款并计算利息。(　　)

10. 根据《民法典》的规定，承运人应当对运输过程中旅客的伤亡承担赔偿责任；但是，伤亡是旅客自身健康原因造成的或者承运人证明伤亡是旅客故意、重大过失造成的除外。(　　)

三、简答题（共 2 题，每题 10 分，共 20 分）

1. 简述民事法律行为的有效要件。

2. 简述业主的建筑物区分所有权的概念和内容。

四、案例分析（共 2 题，每题 10 分，共 20 分）

张某乘坐火车前往 A 地参加儿子的毕业典礼，列车本应在当天上午 11 点半抵达，因为晚点直到下午 6 点才到达 A 地，致使张某错过了儿子的毕业典礼。当晚张某入住 A 地的迎宾旅馆。第二天一早，张某未付房款即想离开旅馆去车站，旅馆工作人员见状扣下张某的行李箱，并打电话报警。张某则以对方侵犯自己的所有权为由，要求对方停止侵害。双方为此争执不下。

问题：

1. 张某是否有权以列车晚点致使自己错过儿子的毕业典礼为由，请求铁路公司赔偿自己的精神损害？

2. 迎宾旅馆的行为应当如何认定？是否构成侵权？

综合试卷（B 卷）

一、单项选择题（共 20 题，每题 2 分，共 40 分）

1. 下列选项中，哪一个不属于平等原则的内容（　　）。

A. 民事主体的民事权利能力一律平等

B. 民事主体实际取得的民事权利相同

C. 民事主体在具体民事法律关系中的地位平等

D. 民事主体的合法权益平等地受法律保护

2. 下列关系中，不属于民事法律关系的是（　　）。

A. 侵权损害赔偿关系

B. 租赁合同关系

C. 担保物权关系

D. 税收关系

3. 自然人下落不明满（　　）的，利害关系人可以向人民法院申请宣告该自然人为失踪人。

A. 一年

B. 二年

C. 三年

D. 四年

4. 对同一自然人，有的利害关系人申请宣告死亡，有的利害关系人申请宣告失踪，符合《民法典》规定的宣告死亡条件的，人民法院（ ）。

A. 应当宣告死亡

B. 应当宣告失踪

C. 应当先宣告失踪，经过法定期间后再宣告死亡

D. 可以根据具体情况决定宣告失踪或者宣告死亡

5. 非法人组织的财产不足以清偿债务的，其出资人或者设立人承担（　　）。法律另有规定的，依照其规定。

A. 无限责任

B. 有限责任

C. 行政责任

D. 违约责任

6. 知识产权的客体不包括（　　）。

A. 作品

B. 商标

C. 商业秘密

D. 个人信息

7. 当事人自民事法律行为发生之日起（　　）内没有行使撤销权的，撤销权消灭。

A. 两年

B. 三年

C. 四年

D. 五年

8. 行为人没有代理权、超越代理权或者代理权终止后，仍然实施代理行为，相对人有理由相信行为人有代理权的，代理行为（　　）。

A. 有效

B. 可撤销

C. 效力待定

D. 附条件生效

9. 下列各项中，属于诉讼时效中断事由的是（　　）。

A. 不可抗力

B. 继承开始后未确定继承人

C. 义务人同意履行义务

D. 权利人被义务人控制

10. 利害关系人认为不动产登记簿记载的事项错误的，可以申请更正登记。不动产登记簿记载的权利人不同意更正的，利害关系人可以申请（　　）。

A. 异议登记

B. 预告登记

C. 变更登记

D. 保全登记

11. 合同中的下列哪个免责条款有效（　　）。

A. 造成对方人身损害的

B. 因故意造成对方财产损失的

C. 因重大过失造成对方财产损失的

D. 因一般过失造成对方财产损失的

12. 私人对下列哪项财产不能享有所有权（　　）。

A. 房屋

B. 生产工具

C. 原材料

D. 拾得的遗失物

13. 下列权利中，属于担保物权的是（　　）。

A. 抵押权

B. 地役权

C. 居住权

D. 宅基地使用权

14. 甲与乙共同出资购买了一辆汽车，约定各占 90%和10%的份额。该汽车属于（　　）。

A. 甲单独所有　　B. 乙单独所有

C. 甲与乙按份共有　　D. 甲与乙共同共有

15. 当事人约定在将来一定期限内订立合同的认购书、订购书、预订书等，构成（　　）。

A. 要式合同

B. 从合同

C. 预约合同

D. 要物合同

16. 债务人以放弃其债权、放弃债权担保、无偿转让财产等方式无偿处分财产权益，或者恶意延长其到期债权的履行期限，影响债权人的债权实现的，债权人（　　）。

A. 可以请求人民法院撤销债务人的行为

B. 可以请求仲裁机构撤销债务人的行为

C. 可以请求人民法院认定债务人的行为不成立

D. 可以请求仲裁机构认定债务人的行为不成立

17. 为保障债权的实现，第三人和债权人约定，当债务人不履行到期债务或者发生当事人约定的情形时，第三人履行债务或者承担责任的合同是（　　）。

A. 保证合同

B. 抵押合同

C. 质押合同

D. 定金合同

18. 下列人员中，属于近亲属的是（　　）。

A. 兄弟姐妹的子女

B. 外祖父母

C. 配偶的父母

D. 子女的配偶

19. 合伙人就合伙事务作出决定的，除合伙合同另有约定外，应当经（　　）同意。

A. 二分之一以上合伙人

B. 过半数合伙人

C. 三分之二以上合伙人

D. 全体合伙人一致

20. 明知产品存在缺陷仍然生产、销售，造成他人死亡或者健康严重损害的，被侵权人有权请求相应的（　　）。

A. 加倍赔偿

B. 加重赔偿

C. 惩罚性赔偿

D. 精神损害赔偿

二、判断题（共10题，每题2分，共20分）

1. 处理民事纠纷，应当依照法律；法律没有规定的，可以适用习惯，但是不得违背公序良俗。（　　）

2. 被宣告死亡的人在被宣告死亡期间，其子女被他人依法收养的，在死亡宣告被撤销后，有权以未经本人同意为由主张收养行为无效。（　　）

3. 根据《民法典》规定，违反法律、行政法规的强制性规定的民事法律行为一律无效。（　　）

4. 并不是任何事实都可以引起一定的民事法律关系的产生、变更和消灭。（　　）

5. 根据《民法典》的规定，第三人提供担保，未经其书面同意，债权人允许债务人转移全部或者部分债务的，担保人不再承担相应的担保责任。（　　）

6. 债权人转让债权，未通知债务人的，债权转让合同无效。（　　）

7. 标的物提存后，毁损、灭失的风险由债权人和债务人共同承担。（　　）

8. 《民法典》规定，标的物毁损、灭失的风险，在标的物交付之前由出卖人承担，交付之后由买受人承担，但是法律另有规定或者当事人另有约定的除外。（　　）

9. 保证期间是确定保证人承担保证责任的期间，可以中止、中断和延长。（　　）

10. 根据《民法典》的规定，无偿的委托合同，因受托人的故意或者重大过失造成委托人损失的，委托人可以请求赔偿

损失。(　　)

三、简答题(共2题,每题10分,共20分)

1. 简述善意取得的条件和法律后果。

2. 简述情事变更制度。

四、案例分析(共2题,每题10分,共20分)

甲公司委托乙物流公司将一件大型设备从A地运到B地,双方约定:运费1万元,待设备运到后支付;甲公司应当在合同签订后支付定金2000元。

合同签订后,甲公司没有支付定金,乙公司也没有催收。设备运到B地后,甲公司未支付运费,乙公司遂将该设备扣留,并要求甲公司在接到通知后30日内支付运费,甲公司未予答复。35天后,乙公司将该设备变卖,以所得价款偿付了甲公司所欠运费。

问题:

1. 甲公司与乙公司之间的定金合同是否成立?为什么?

2. 乙公司扣留设备和变卖设备的行为是否合法?为什么?

综合试卷（C卷）

一、单项选择题（共20题，每题2分，共40分）

1. 下列关系中，不属于民法调整的社会关系的是（　　）。

A. 商品房买卖关系

B. 财政税收关系

C. 婚姻关系

D. 收养关系

2. 某甲拥有一所房屋，其对房屋的权利属于（　　）。

A. 身份权

B. 人格权

C. 物权

D. 债权

3. 财产代管人不履行代管职责、侵害失踪人财产权益或者丧失代管能力的，（　　）可以向人民法院申请变更财产代管人。

A. 失踪人的利害关系人

B. 仅失踪人的父母

C. 仅失踪人的子女

D. 仅失踪人的配偶

4. 根据《民法典》规定，（　　）以上的未成年人为限制民事行为能力人。

A. 六周岁

B. 七周岁

C. 八周岁

D. 十周岁

5. 物权不包括（　　）。

A. 所有权

B. 用益物权

C. 担保物权

D. 知识产权

6. 基于重大误解实施的民事法律行为，行为人有权请求（　　）予以撤销。

A. 人民法院或者仲裁机构

B. 人民法院或者市场监管部门

C. 仲裁机构或者公证机关

D. 人民政府或者仲裁机构

7. 违背公序良俗的民事法律行为（　　）。

A. 无效

B. 可变更

C. 可撤销

D. 效力待定

8. 向人民法院请求保护民事权利的诉讼时效期间为（　　）。法律另有规定的，依照其规定。

A. 两年

B. 三年

C. 四年

D. 五年

9. 下列请求权适用诉讼时效规定的是（　　）。

A. 请求停止侵害、排除妨碍、消除危险

B. 不动产物权的权利人请求返还财产

C. 请求支付抚养费、赡养费或者扶养费

D. 请求修理、重作、更换

10. 动产物权的设立和转让，自（　　）发生效力，但是法律另有规定的除外。

A. 登记时

B. 交付时

C. 合同成立时

D. 合同生效时

11. 业主将住宅改变为经营性用房的，除遵守法律、法规以及管理规约外，应当（　　）。

A. 经有利害关系的业主一致同意

B. 经全体业主一致同意

C. 经业主大会通过

D. 经业主委员会通过

12. 根据《民法典》的规定，遗失物自发布招领公告之日起（　　）内无人认领的，归（　　）所有。

A. 一年　　国家

B. 二年　　国家

C. 一年　　拾得人

D. 二年　　拾得人

13. 权利人按照合同约定，利用他人的不动产，以提高自己不动产效益的权利是（　　）。

A. 相邻权

B. 地役权

C. 居住权

D. 地上权

14. 甲、乙、丙三人以 2：3：1 的比例按份共有一辆货车，用于运输服务，现甲欲将自己的份额转让给丁，乙丙均要求以同等条件购买，甲的份额应当（　　）。

A. 由丁购买

B. 由乙、丙等额购买

C. 由甲在乙和丙中指定一人购买

D. 由乙丙按所持份额比例购买

15. 当事人为了重复使用而预先拟定，并在订立合同时未与对方协商的条款是（　　）。

A. 格式条款

B. 无效条款

C. 默示条款

D. 法定条款

16. 债权人撤销权自债权人知道或者应当知道撤销事由之日起一年内行使。自债务人的行为发生之日起（　　）内没有行使撤销权的，该撤销权消灭。

A. 三年

B. 四年

C. 五年

D. 六年

17. 当事人在保证合同中对保证方式没有约定或者约定不明确的，按照（　　）承担保证责任。

A. 一般保证

B. 连带责任保证

C. 有限保证

D. 无限保证

18. 直系血亲或者（　　）以内的旁系血亲禁止结婚。

A. 三代

B. 四代

C. 五代

D. 六代

19. 从建筑物中抛掷物品造成他人损害的，由侵权人依法承担侵权责任；经调查难以确定具体侵权人的，除能够证明（　　）的外，由可能加害的建筑物使用人给予补偿。

A. 自己不是侵权人

B. 具体侵权人

C. 行为与损害之间不存在因果关系

D. 受害人具有重大过失

20. 从事高空、高压、地下挖掘活动或者使用高速轨道运输工具造成他人损害的，经营者应当承担侵权责任；但是，能够证明损害是因（　　）或者不可抗力造成的，不承担责任。

A. 意外事件

B. 第三人原因

C. 受害人故意

D. 受害人重大过失

二、判断题（共 10 题，每题 2 分，共 20 分）

1. 根据《民法典》的规定，十六周岁以上的未成年人，以自己的劳动收入为主要生活来源的，视为完全民事行为能力人。（　　）

2. 不能完全辨认自己行为的成年人可以独立实施纯获利益的民事法律行为或者与其智力、精神健康状况相适应的民事法律行为。（　　）

3. 代理人以被代理人的名义与自己实施的民事法律行为属于可撤销的民事法律行为。（　　）

4. 限制民事行为能力人实施的民事法律行为一律无效。（　　）

5. 根据《民法典》规定，正在建造的建筑物不可以抵押。（　　）

6. 合同的权利义务关系终止，不影响合同中结算和清理条款的效力。（　　）

7. 当事人就迟延履行约定违约金的，违约方支付违约金后，免除履行债务的责任。（　　）

8. 根据《民法典》的规定，试用买卖的买受人在试用期

内可以购买标的物，也可以拒绝购买。试用期限届满，买受人对是否购买标的物未作表示的，视为拒绝购买。(　　)

9. 根据《民法典》的规定，租赁期限六个月以上的，应当采用书面形式。当事人未采用书面形式，无法确定租赁期限的，视为不定期租赁。(　　)

10. 业主违反约定逾期不支付物业费的，物业服务人可以采取停止供电、供水、供热、供燃气等方式催交物业费。(　　)

三、简答题（共2题，每题10分，共20分）

1. 简述婚姻无效的法定情形和法律后果。

2. 简述收养人应当具备的条件。

四、案例分析（共2题，每题10分，共20分）

某小区居民赵某喜爱动物，养有多个宠物，并将其中一条宠物犬取名为“山竹”。某日，“山竹”趁主人不备逃出家门，跑到不远处的一所学校，并在校园中四处游荡。该校学生郝某见到后经常给其投食。

赵某丢失宠物犬后十分焦急，连日在小区附近张贴、散发传单，传单上写明“凡提供宠物下落的，酬谢1000元”，并配有“山竹”的照片。郝某见到后联系赵某，双方约定第二天中午在学校门口见，见面后再由郝某带赵某去找“山竹”。

第二天中午，赵某如约来到学校门口，郝某带着赵某找到了“山竹”的藏身地。但“山竹”见到主人后不仅不上前相认，反而转身迅速逃离，结果在逃离过程将李某的路边摊撞翻，致李某货物损失数百元。

问题：

1. 郝某是否有权请求赵某支付酬金 1000 元？为什么？

2. 李某的损失应当由谁承担？为什么？

参考答案

综合试卷（A卷）

一、单项选择题（共20题，每题2分，共40分）

1—5　DADDD　　6—10　ABBCB

11—15　AADBD　　16—20　DAACD

二、判断题（共10题，每题2分，共20分）

1. √　2. √　3. ×　4. ×　5. √　6. √　7. ×　8. √　9. √　10. √

三、简答题（共2题，每题10分，共20分）

1. 民事法律行为的有效要件包括：（1）行为人具有相应的民事行为能力；（2）意思表示真实；（3）不违反法律、行政法规的强制性规定，不违背公序良俗。

2. 业主的建筑物区分所有权，是指业主对建筑物内的住宅、经营性用房等专有部分享有的所有权，对专有部分以外的共有部分享有的共有和共同管理的权利的总称。

其内容包括三方面：第一，业主对其建筑物专有部分享有占有、使用、收益和处分的权利。第二，业主对建筑物专有部分以外的共有部分享有权利。第三，业主对共有部分享有共同管理的权利。

四、案例分析（共2题，每题10分，共20分）

1. 无权。

《民法典》第996条规定，因当事人一方的违约行为，损害对方人格权并造成严重精神损害，受损害方选择请求其承担违约责任的，不影响受损害方请求精神损害赔偿。在本案中，铁路公司的违约行为并没有损害张某的人格权。同时，《民法典》第584条规定，当事人一方不履行合同义务或者履行合同义务不符合约定，造成对方损失的，损失赔偿额应当相当于因违约所造成的损失，包括合同履行后可以获得的利益；但是，不得超过违约一方订立合同时预见到或者应当预见到的因违约可能造成的损失。张某即使有精神损害，也不属于该条中的因违约所造成的损失。

2. 迎宾旅馆的行为应当认定为自助行为，不构成侵权。《民法典》第1177条规定，合法权益受到侵害，情况紧迫且不能及时获得国家机关保护，不立即采取措施将使其合法权益受到难以弥补的损害的，受害人可以在保护自己合法权益的必要范围内采取扣留侵权人的财物等合理措施；但是，应当立即请求有关国家机关处理。该条规定的即为自助行为，符合自助行为构成要件的行为不构成侵权。在本案中，迎宾旅馆的行为符合自助行为的构成要件，所以应当认定为自助行为，不构成侵权。

综合试卷（B卷）

一、单项选择题（共20题，每题2分，共40分）

1—5　BDBAA　　6—10　DDACA

11—15　DDACC　　16—20　AABDC

二、判断题（共10题，每题2分，共20分）

1. √　2. ×　3. ×　4. √　5. √　6. ×　7. ×　8. √　9. ×　10. √

三、简答题（共2题，每题10分，共20分）

1. 善意取得的条件包括：（1）无处分权人将不动产或者动产转让给受让人；（2）受让人受让该不动产或者动产时是善意；（3）以合理的价格转让；（4）转让的不动产或者动产依照法律规定应当登记的已经登记，不需要登记的已经交付给受让人。

善意取得的法律后果是：受让人取得该不动产或者动产的所有权；善意受让人取得动产后，该动产上的原有权利消灭。但是，善意受让人在受让时知道或者应当知道该权利的除外。受让人取得所有权的，原所有权人有权向无处分权人请求损害赔偿。

2. 情事变更制度，是指合同成立后，合同的基础条件发生了当事人在订立合同时无法预见的、不属于商业风险的重大变化，继续履行合同对于当事人一方明显不公平的，受不利影响的当事人可以与对方重新协商；在合理期限内协商不成的，当事人可以请求人民法院或者仲裁机构变更或者解除合同。人民法院或者仲裁机构应当结合案件的实际情况，根据公平原则变更或者解除合同。

四、案例分析（共 2 题，每题 10 分，共 20 分）

1. 不成立。理由是：《民法典》第 586 条规定，定金合同自实际交付定金时成立。本案中，定金尚未交付，故定金合同不成立。

2. 乙公司扣留设备的行为合法。

具体理由是，《民法典》第 447 条规定，债务人不履行到期债务，债权人可以留置已经合法占有的债务人的动产，并有权就该动产优先受偿。这一权利即留置权。在本案中，乙公司已经合法占有甲公司的设备，甲公司不履行到期债务，符合留置权的成立要件，乙公司有权留置该设备，故乙公司扣留设备的行为合法。乙公司变卖设备的行为不合法。

同时，《民法典》第 453 条规定，留置权人与债务人应当约定留置财产后的债务履行期限；没有约定或者约定不明确的，留置权人应当给债务人六十日以上履行债务的期限，但是鲜活易腐等不易保管的动产除外。债务人逾期未履行的，留置权人可以与债务人协议以留置财产折价，也可以就拍卖、变卖留置财产所得的价款优先受偿。根据该条规定，留置权人应当给债务人六十日以上履行债务的期限，在本案中，乙公司作为留置权人未遵守该条规定，所以其变卖设备的行为不合法。

综合试卷（C 卷）

一、单项选择题（共 20 题，每题 2 分，共 40 分）

1—5　BCACD　　6—10　AABDB

11—15　AABDA　　16—20　CAAAC

二、判断题（共 10 题，每题 2 分，共 20 分）

1. √　2. √　3. ×　4. ×　5. ×　6. √　7. ×　8. ×　9. √　10. ×

三、简答题（共 2 题，每题 10 分，共 20 分）

1. 婚姻无效的法定情形包括：（1）重婚。（2）有禁止结婚的亲属关系。《民法典》规定，直系血亲或者三代以内的旁系血亲禁止结婚。故存在上述亲属关系的婚姻无效。（3）未到法定婚龄。结婚年龄，男不得早于二十二周岁，女不得早于二十周岁。未到该法定婚龄的婚姻无效。

婚姻无效的法律后果是：无效的婚姻自始没有法律约束力，当事人不具有夫妻的权利和义务。同居期间所得的财产，由当事人协议处理；协议不成的，由人民法院根据照顾无过错方的原则判决。对重婚导致的无效婚姻的财产处理，不得侵害合法婚姻当事人的财产权益。当事人所生的子女，适用法律关于父母子女的规定。婚姻无效的，无过错方有权请求损害赔偿。

2. 收养人应当同时具备下列条件：(1) 无子女或者只有一名子女；(2) 有抚养、教育和保护被收养人的能力；(3) 未患有在医学上认为不应当收养子女的疾病；(4) 无不利于被收养人健康成长的违法犯罪记录；(5) 年满三十周岁。

四、案例分析（共2题，每题10分，共20分）

1. 有权。《民法典》第499条规定，悬赏人以公开方式声明对完成特定行为的人支付报酬的，完成该行为的人可以请求其支付。在本案中，赵某即悬赏人，郝某是完成特定行为的人，故郝某有权要求赵某支付悬赏中许诺的报酬。

2. 赵某。《民法典》第1249条规定，遗弃、逃逸的动物在遗弃、逃逸期间造成他人损害的，由动物原饲养人或者管理人承担侵权责任。在本案中，动物原饲养人为赵某，动物造成的损失应当由赵某承担。

图书在版编目（CIP）数据

《民法典》职工学习问答 / 《〈民法典〉职工学习问答》编写组编.
—北京：中国工人出版社, 2020.10
ISBN 978-7-5008-7516-1

Ⅰ. ①民… Ⅱ. ①民… Ⅲ. ①民法—法典—中国—学习参考资料
Ⅳ. ①D923.04

中国版本图书馆CIP数据核字（2020）第204279号

《民法典》职工学习问答

出 版 人	王娇萍
责任编辑	赵晨羽　黄冰凌
责任印制	栾征宇
出版发行	中国工人出版社
地　　址	北京市东城区鼓楼外大街45号　邮编：100120
网　　址	http://www.wp-china.com
电　　话	（010）62005043（总编室）（010）62005039（印制管理中心） （010）82075935（工会与劳动关系分社）
发行热线	（010）62005996　82029051
经　　销	各地书店
印　　刷	北京市密东印刷有限公司
开　　本	600毫米×960毫米　1/16
印　　张	13
字　　数	140千字
版　　次	2020年11月第1版　2024年3月第5次印刷
定　　价	42.00元